Mes chantiers

Sophie Trudeau • Ginette Létourneau

manuel
INTERDISCIPLINAIRE

B

2e cycle

GRAFICOR
MEMBRE DU GROUPE MORIN
171, boul. de Mortagne, Boucherville (Québec) J4B 6G4
Tél. : (450) 449-2369 • Téléc. : (450) 449-1096

Mes chantiers

Manuel B

Supervision du projet et révision linguistique
Martine Brassard

Correction d'épreuves
Liane Montplaisir

Collaboration à la rédaction des textes
Marie Dufour

Conception graphique et direction iconographique
diabolo-menthe

Mascotte
Michel Grant
Raymond Lafontaine (coloration)

Données de catalogage avant publication (Canada)

Trudeau, Sophie

Mes chantiers : 2e cycle. Manuel interdisciplinaire A [-B]

Pour les élèves de l'élémentaire.

ISBN 2-89242-877-7 (v. 1)
ISBN 2-89242-878-5 (v. 2)

1. Français (Langue) – Problèmes et exercices – Ouvrages pour la jeunesse. 2. Sciences humaines – Problèmes et exercices – Ouvrages pour la jeunesse. 3. Sciences – Problèmes et exercices – Ouvrages pour la jeunesse. 4. Technologie – Problèmes et exercices – Ouvrages pour la jeunesse. 5. Activités dirigées – Ouvrages pour la jeunesse. I. Létourneau, Ginette. II. Titre.

PC2112.T79 2002 448'.0076 C2002-940833-4

Nous reconnaissons l'aide financière du gouvernement du Canada par l'entremise du Programme d'aide au développement de l'industrie de l'édition pour nos activités d'édition.

Gouvernement du Québec – Programme de crédit d'impôt pour l'édition de livres – Gestion SODEC

Dépôt légal : 2e trimestre 2003
Bibliothèque nationale du Québec

ISBN 2-89242-878-5

Imprimé au Canada 1 2 3 4 5 6 – 7 6 5 4 3

Illustrations
Francis Back, p. 50, 63, 132 (femme avec enfant)
Maxime Bigras, p. 62, 130, 139, 174-175
Jocelyne Bouchard, p. 51, 64 (caravelle), 65, 66-67, 122, 123, 124-127, 128, 132 (carriole), 133, 137, 138, 141
Sophie Casson, p. 12-13, 18-20, 83-84, 151-154, 172-173, 196-200
diabolo-menthe, p. 60, 62, 131, 134, 136, 139, 187, 188
Frefon, p. 64 (oie et maïs), 105, 107-109, 115, 177, 180, 201-204
Philippe Germain, p. 160-161, 208-210
François Girard/©Vidéanthrop, p. 135
Jacques Goldstyn, p. 8-11, 31, 58, 60, 61
Michel Grant, p. 7, 13, 14, 23, 27, 33, 36, 39, 40, 42, 47, 48, 49, 51, 56, 57, 58, 62, 69, 72-73, 75, 96, 99, 104-106, 110, 111-113, 116, 119-121, 128, 129, 136, 144, 147, 148-149, 169, 171, 176, 180, 181, 184-186, 188, 189, 192-193, 194, 201, 205-207, 211
Élise Gravel, p. 15-17
Stéphane Jorisch, p. 52-55, 76-77
Bertrand Lachance, p. 32-33, 39, 110, 114, 117
Jacques Laplante, p. 78-79
Céline Malépart, p. 28-30, 85-89, 155-159, 182-183
Élise Palardy, p. 162-166
Michel Rabagliati, p. 90-92
Anne Villeneuve, p. 80-82, 146
Yayo, p. 100-103

Photos
Archives nationales du Canada, p. 61 (C-114428, Émile de Girardin), 68 (C-070241)
Archives nationales du Québec, p. 59
Arto Dokouzian, p. 184, 191
Bibliothèque nationale de France, p. 135
BNQ, p. 50, 58-59, 60-61 (cartes en arrière-plan)
Comstock, p. 212
Corbis/Burnstein Collection, p. 140; Bettmann/Magma, p. 170 (BE067180)
Corel, p. 179
EyeWire, p. 31, 34, 39, 41, 75, 84, 89, 95, 103, 118, 142, 150, 159, 166, 167, 173, 190, 195, 200, 207, 210, 211
Getty Images, p. 5, 14, 21, 25, 46, 49, 72, 74, 97, 121, 192
MAPAQ, p. 122
Megapress Images/J. Pharand, p. 178; T. Philiptchenko, p. 185
PhotoDisc, p. 7, 22, 24, 26, 27, 35, 36, 37, 38, 40, 42, 43, 44-45, 69, 70, 93, 94, 98, 148, 150, 171, 184, 187-188
SuperStock/The Grand Design, Leeds, England, p. 6; Steve Vidler, p. 98; GoodShoot, p. 107-108
Ville de Montréal, gestion des documents et archives, p. 136

Couverture
Comstock (coffre au trésor)
EyeWire (journal, personnage)
PhotoDisc (globe, grenouille, vis)

Table des matières

Symboles utilisés dans le manuel

- Document reproductible
- Portfolio
- Grammaire du 2e cycle
- Renvoi à une page du manuel

Conseils et façons de faire

Vivre avec les autres ?
Pour certains,
ça rime avec *amis*,
rire et *bonheur*...
Pour d'autres,
ça veut dire *ennemis*,
pleurs et *malheurs*.
Pour toi, qu'est-ce
que ça signifie ?
Que feras-tu
pour que chaque
personne se sente
bien dans ta classe ?

10 Vivre ensemble

Tu amorces maintenant la seconde partie de ton 2e cycle. Tu y consacreras plus de 1000 heures de ta vie, le savais-tu ? Dans VIVRE ENSEMBLE, tu réfléchiras aux comportements à adopter pour vivre en harmonie avec les autres. Au fil des chantiers, tu auras l'occasion de communiquer, de développer tes qualités d'équipier ou d'équipière, de te rappeller tes stratégies et d'écrire un texte pour donner ton opinion.

Réagis à la carte d'exploration ci-dessous et **active** tes idées.

- Quelles questions te poses-tu sur les comportements à adopter pour bien vivre avec les autres ?

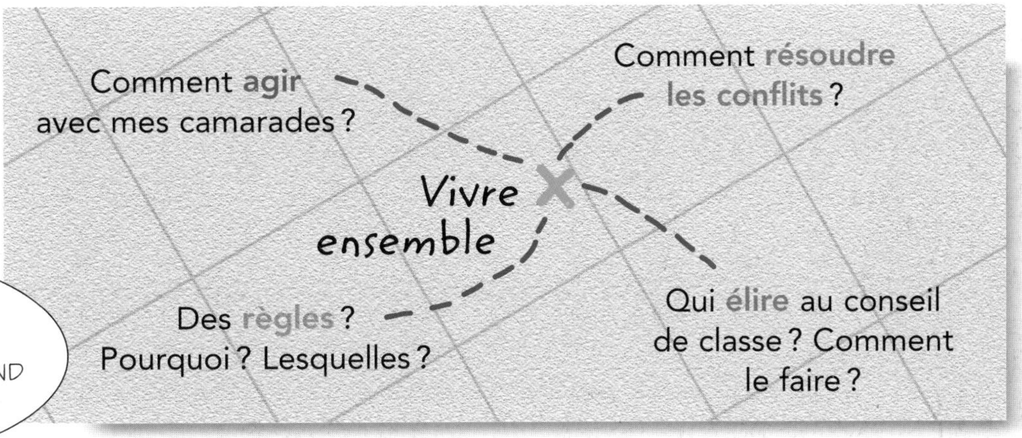

Comment agir avec mes camarades ?
Comment résoudre les conflits ?
Vivre ensemble
Des règles ? Pourquoi ? Lesquelles ?
Qui élire au conseil de classe ? Comment le faire ?

«AVOIR DES AMIS, C'EST ÊTRE RICHE.» C'EST RIMBAUD, UN GRAND POÈTE, QUI L'A DIT !

◀ Judy Byford, «Foule», 1996.

Planifie un projet pour mieux organiser ta vie avec les autres ou pour mieux comprendre les exigences de la vie en société.

Réalise-le et **présente**-le.

PISTES ET IDÉES

- Organiser un événement pour souligner l'arrivée de nouveaux élèves au 2e cycle ou dans l'école.
- Présenter aux parents les règles de vie de la classe et de l'école.
- Organiser des élections dans la classe.
- Présenter le processus électoral de sa municipalité.

chantier 1

Arriver dans une nouvelle école, c'est toute une expérience ! Accueillir des nouveaux élèves aussi… Comment Méli Mélo réagit-elle à l'arrivée d'une inconnue dans sa classe ? Pour le savoir, **lis** le texte ci-dessous.

Que fais-tu pour te préparer à lire un texte ? Partage tes connaissances.

Révise les stratégies que tu connais déjà à ce sujet.

PAGE 216, STRATÉGIES N°s 1 À 3

MÉLI MÉLO RACONTE SON HISTOIRE.

MA MEILLEURE ENNEMIE

PARTIE 1

C'est le premier jour de l'école. Je suis dans la classe de Mme Frisebi. Je l'aime parce qu'elle n'a pas de chouchou… à part moi.

Il y a au moins deux filles qui veulent être ma meilleure amie. Lili, parce que je la fais rire avec mes farces plates et la grande Ji, parce qu'elle aime ma façon fofolle de m'habiller.

Je ne suis pas loin de la fenêtre et je me fais chauffer au soleil. Je me sens le cœur rond et chaud comme un petit pain. La vraie vie, quoi !

QUÉBEC

Quand tout à coup, j'entends des pas se rapprocher de notre classe. J'ai la drôle d'impression que quelqu'un va bientôt mettre son pied sur mon petit pain.

La porte s'ouvre sur une fille que je ne connais pas :

— Je suis nouvelle. Je m'appelle Chichi Laprincesse.

Tu parles d'un nom ! C'est bien pire que Méli Mélo. Je me dis tout de suite que le monde va se moquer d'elle. Et arrêter de m'embêter, moi.

Mais personne ne rit.

Explique comment Méli Mélo se sent dans cette partie du texte.

- Quelles phrases t'ont donné des indices pour répondre ?

Fais des prédictions sur la suite de l'histoire.

- Quelle image te fais-tu de Chichi Laprincesse ?
- D'après toi, comment réagira Méli Mélo à l'arrivée de la nouvelle ?

PARTIE 2

Ils sont tous là à regarder la nouvelle avec des grands yeux de petits de cinq ans qui viendraient de voir apparaître la fée des étoiles.

Même Mme Frisebi a l'air impressionnée. Faut la voir lui sourire, la bouche fendue jusqu'aux oreilles. En tout cas !

Je me tourne vers Lili et la grande Ji, cherchant leur complicité.

Tout ce que Lili trouve à dire, c'est :

— Elle est belle…

J'essaie de les faire rire en me moquant de Chichi :

— Belle… comme une statue. Je suis sûre que si elle sourit son visage va craquer.

Elles ne trouvent pas ça drôle et la grande Ji ajoute :

— As-tu vu ses cheveux ? !

J'en lance une autre :

— Une vraie perruque de Barbie, si vous voulez mon avis. Je me demande si elle l'enlève pour dormir.

Elles continuent de parler comme si je n'existais pas :

— Lili, regarde son blouson ?! On dirait de la soie.

— Je n'ai jamais vu un blouson aussi super de toute ma vie, Ji.

Il me semblait que c'était le mien, le blouson le plus super. En tout cas !

Je ne suis pas d'accord avec elles et je ne me gêne pas pour leur dire :

— Rose bonbon, tu parles d'une couleur pour un blouson. Et avec toutes ces petites pierres qui brillent, on dirait une enseigne au néon !

Elles ne m'écoutent pas. Tout ce qui les intéresse, c'est l'autre avec ses airs de princesse.

Ah non ! La maîtresse lui donne la place libre à côté de moi.

Juste d'entendre le frouche ! frouche ! de la soie de son blouson quand elle marche me fait dresser le poil sur les bras.

Et en plus, elle s'assoit dans mon soleil et fait de l'ombre sur mon pupitre.

J'ai assez hâte à la récréation. Je suis sûre qu'elle ne vaut rien au ballon-chasseur.

De toute façon, elle va avoir trop peur de défaire ses cheveux et de salir son blouson. Et elle va rester toute seule dans son coin.

•••

Comble de malheur, elle est aussi bonne que moi. Et on est les dernières à s'affronter quand la cloche sonne. La partie est nulle, alors que d'habitude, c'est moi la gagnante.

Évidemment, Chichi se retrouve avec tout le monde autour d'elle. Et c'est moi qui reste toute seule dans mon coin.

Il y en a plein qui veulent l'avoir comme meilleure amie. Surtout Lili et la grande Ji.

Eh bien moi, je l'haïs ! Même que c'est ma meilleure ennemie, si tu veux savoir.

Tiré de Marie-Francine Hébert, *Un blouson dans la peau*, Montréal, Marie-Francine Hébert et La courte échelle, 1989, p. 8-15. (coll. Premier Roman)

«LA SEULE MANIÈRE D'AVOIR UN AMI, C'EST D'EN ÊTRE UN» DISAIT EMERSON.

Récapitule l'essentiel de l'extrait.

Réfléchis au comportement de Méli Mélo envers Chichi et **discutes-en** en équipe. Mais avant, établissez vos règles de fonctionnement en équipe.

Fais des liens avec ta propre vie.

- Méli Mélo te fait-elle un peu penser à toi ? Pourquoi ?

chantier 2

À l'école et dans ton milieu, des personnes sont élues pour occuper différentes fonctions. Si tu voulais représenter ta classe, laquelle de tes qualités ferais-tu valoir ? Pour t'aider à le déterminer, **fais** le test suivant.

Que fais-tu quand tu ne comprends pas un mot dans un texte ? Partage tes connaissances.

Révise les stratégies que tu connais déjà à ce sujet.

PAGES 216 ET 217, STRATÉGIES Nos 4 À 10

De quelle sorte de texte s'agit-il ? Comment le sais-tu ?

Pourquoi voterait-on pour toi ?

Pour toi, qu'est-ce qui compte le plus ? Communiquer facilement avec les autres ? Avoir le sens des responsabilités ? Avoir confiance en soi ? À toi de jouer !

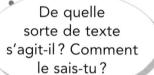

1 On vient de t'élire pour représenter la classe. D'après toi, il faut tout de suite ...

a) former une bonne équipe avec les autres élèves du conseil de classe.
b) organiser des activités pour la classe.
c) montrer à tes électeurs que tu es capable de bien faire ton travail.

2 Tu préfères voter pour ...

a) une personne à l'écoute des idées de chacun.
b) une personne fiable.
c) une personne courageuse.

3 Quand tu demandes quelque chose, ...

a) tu expliques pourquoi tu fais une telle demande.
b) tu insistes patiemment.
c) tu dis fermement ce que tu veux.

4 Te voilà capitaine d'une équipe de soccer. Pour toi, le plus important consiste à ...

a) encourager les membres de ton équipe.
b) t'assurer que tous les joueurs comprennent les consignes de l'entraîneur.
c) respecter les règles du jeu et l'arbitre.

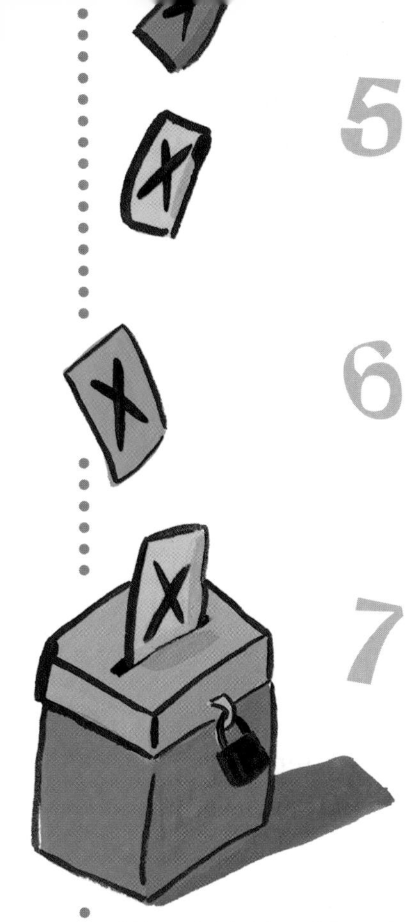

5 Pour toi, le maire ou la mairesse d'une municipalité doit surtout ...

a) être disponible et facile à rencontrer.
b) régler les problèmes en commençant par les plus urgents.
c) prendre ses décisions pour le bien de la communauté.

6 Une personne importante te choisit comme porte-parole. La pire chose qui pourrait t'arriver serait de ...

a) bafouiller quand tu la présentes.
b) ne pas être capable d'effectuer le travail qu'on te confie.
c) ne pas te faire prendre au sérieux.

7 Pour toi, les responsables d'une expédition en forêt doivent surtout ...

a) savoir comment se sentent les membres de l'expédition.
b) prévoir la température et le matériel.
c) être sûrs de leur équipement et de leurs compétences.

INTERPRÉTATION DES RÉSULTATS

Compte les *a*, les *b* et les *c* que tu as obtenus.

- **Si tu as surtout des a**, c'est peut-être que tu as (ou que tu apprécies chez les autres) une certaine **facilité à communiquer**. Exprimer ses idées et les défendre, être à l'écoute des autres, s'entraider, tu y crois !
- **Si tu as surtout des b**, c'est peut-être que tu as (ou que tu apprécies chez les autres) le **sens des responsabilités**. Réfléchir avant d'agir, s'engager à fond dans ce qu'on fait, faire preuve de patience et de ténacité, c'est important pour toi !
- **Si tu as surtout des c**, c'est peut-être que tu as confiance en toi ou que tu apprécies chez les autres une certaine **confiance en soi**. Avoir du courage, savoir prendre des décisions justes, savoir intervenir pour régler des conflits, ça compte pour toi !

Discute du résultat obtenu avec quelques camarades.

- Laquelle des trois qualités te semble la meilleure ? Pourquoi ?

Élargis tes connaissances en répondant à ces questions :

- Quelles fonctions occupent les personnes élues dans une classe ? dans une école ? dans ton milieu ?
- Comment les élections se déroulent-elles dans ta communauté ? Comment trouveras-tu de l'information à ce sujet ?

Quand tu vis des conflits, comment arrives-tu à les résoudre ? Pour t'aider à réfléchir à la question, **lis** les deux textes suivants.

Que fais-tu quand tu ne comprends pas une phrase dans un texte ? Partage tes connaissances.

Révise les stratégies que tu connais déjà à ce sujet.

PAGE 217, STRATÉGIES Nos 11 À 17

Règles d'or pour résoudre des conflits

Malgré nos efforts, il est impossible d'éliminer complètement les conflits. Il existe toutefois différents moyens de les résoudre sans violence. À toi de choisir ceux qui conviennent le mieux à chaque situation.

1. Je m'isole un peu, le temps de me calmer.
2. J'explique mon point de vue sans crier ou m'énerver.
3. J'écoute patiemment le point de vue de l'autre jusqu'au bout.
4. Je reconnais mes torts et je m'en excuse.
5. J'accepte de partager.
6. Je mets un peu d'humour dans mes explications.
7. Je suggère une solution pour régler le conflit.
8. Au besoin, je demande de l'aide (médiateur, enseignante, parent, amie...).

L'UNION FAIT LA FORCE, C'EST BIEN CONNU !

Fais des liens avec ta vie.

- Lesquels de ces moyens as-tu déjà mis en pratique ? Raconte.
- En équipe, discutez de l'utilité de cette liste pour votre classe. Quels changements voudriez-vous y apporter ? Que pourriez-vous en faire ?

Bronto, Lareau et Coco...

PARTIE 1

Marco Bonneau et Laurent Lareau avaient tout pour être amis. Ils sont nés presque le même jour; Marco, un lundi, et Laurent, le jeudi suivant. Ils sont voisins depuis toujours et ils ont chacun une petite sœur de cinq ans.

Pourtant, Marco Bonneau et Laurent Lareau se détestent passionnément. On pourrait même dire qu'ils sont les meilleurs ennemis du monde.

Lareau, un costaud, est souvent sur le dos du petit Marco, qui se défend de son mieux. Que peut-il faire contre un gars qui affirme «qu'une chicane par jour garde en forme pour toujours»?

Mais voilà que, depuis mercredi, la situation a empiré.

Tout a commencé par un dessin magnifique. On y voit un brontosaure manger les feuilles d'un arbre immense. Il avait été exposé dans la grande salle de l'école lors de la fête de la rentrée.

Parmi les collages en forme de citrouille et les bouquets de fleurs en papier, le dinosaure avait fait sensation.

— Que c'est beau! On voit bien toutes ses dents!

— On dirait que sa peau brille!

— Qui a fait ce dessin? Il n'y a pas de nom.

Laurent Lareau est arrivé en poussant les autres.

— Moi, je sais qui l'a fait. C'est Coco Bonneau. Il est tout petit, c'est pour ça qu'il dessine toujours de gros animaux.

— Es-tu jaloux, Laurent? a demandé Marie Poulain.

— Moi? Tu veux rire? Tiens, je vais même te le prouver que je ne suis pas jaloux.

Lareau a sorti un crayon rouge de son sac et s'est approché du dessin.

Dis ce que tu sais des deux personnages principaux de cette histoire.

- Quelles ressemblances y a-t-il entre eux? Quelles différences?

Fais des prédictions sur la suite de l'histoire.

- Que fera Laurent avec son crayon rouge? Comment réagira Marco?

PARTIE 2

— Eh ! Que fais-tu ? Tu n'as pas le droit ! s'est écrié un des enfants.

— Je ne veux pas le barbouiller, juste le signer pour lui, a ricané Laurent Lareau. Voilà !

Avant qu'on puisse l'en empêcher, Lareau avait écrit Coco en rouge sous le dessin. «Coco», les quatre lettres que Marco Bonneau hait le plus au monde !

● ● ●

L'incident a fait le tour de l'école. Il est passé par les professeurs pour se rendre jusqu'au directeur Bellefleur.

Lareau est resté une heure en retenue. Il a dû s'excuser auprès de Marco Bonneau qui semblait prendre la chose en riant.

Mais au fond de son cœur, Marco était brisé. Son dinosaure était le plus beau qu'il n'avait jamais dessiné.

Maintenant, quatre grosses lettres rouges cachaient la moitié du gazon et des pieds de l'animal. Impossible de les effacer !

Le pire, et Lareau le savait, c'est que toute l'école connaîtrait désormais le surnom de Marco. Autant ce dernier avait été fier de voir son dessin exposé, autant il l'aurait décroché et caché.

Une fois de plus, Laurent Lareau lui avait gâché l'existence.

Il faudrait bien qu'un jour Marco prenne sa revanche. Mais comment ? Laurent Lareau est le plus grand de la classe, et Marco, le plus petit ! Et puis, Lareau n'a peur de rien, surtout lorsqu'il est avec ses amis.

Tiré de Caroline Merola, *Coco Bonneau, le héros*, Montréal, La courte échelle, 2001, p. 7-14. (coll. Premier Roman)

Vérifie tes prédictions. Lesquelles se confirment ?

Récapitule les événements.

Donne ton opinion.

- Marco devrait-il prendre sa revanche ? Pourquoi ?
- Parmi les moyens de résoudre des conflits présentés au début du chantier, lesquels recommanderais-tu aux personnages du texte ? Pourquoi ?
- Dis ce que tu penses de ta façon de communiquer ton opinion.

Le savais-tu ?

***Camarade* vient de l'espagnol *camara* qui veut dire *chambre*. Autrefois, le camarade était celui avec qui un soldat partageait sa chambre. Le *copain*, quant à lui, était le compagnon avec qui on mangeait le pain.**

chantier 4

Que serait ta vie si tu n'avais pas tant de règles à suivre à l'école, à la maison et au parc ? Pour réfléchir à la question, **lis** le texte suivant.

Fifi va à l'école

PARTIE 1

Fifi Brindacier, une étonnante fillette de 9 ans, vivait sans parents. Personne ne lui ordonnait de ranger sa chambre, de se coucher ou d'aller à l'école. Un jour, elle ressentit une grande injustice : contrairement à ses amis Tommy et Annika, elle n'aurait pas de vacances de Noël. Pour régler son problème, Fifi décida d'aller à l'école…

•

Elle entra dans la cour de l'école au triple galop, descendit du cheval à toute vitesse, l'attacha à un arbre, poussa la porte de la classe d'un grand coup – ce qui fit sursauter Tommy, Annika et tous leurs gentils camarades.

«Salut tout le monde ! cria Fifi en agitant son grand chapeau. [...]»

Tommy et Annika avaient expliqué à leur maîtresse qu'une nouvelle devait venir et qu'elle s'appelait Fifi Brindacier. La maîtresse, qui habitait la petite ville, avait déjà entendu parler de Fifi. Et comme c'était une maîtresse très gentille, elle avait décidé de faire tout son possible pour que Fifi se plaise à l'école.

Fifi s'installa sur un banc vide, sans demander la permission à quiconque. La maîtresse ne fit pas attention à ces mauvaises manières; elle lui dit seulement :

«Bienvenue à l'école, ma petite Fifi. J'espère que tu vas te plaire et que tu apprendras plein de choses.

— Et moi, j'espère que j'aurai des vacances de Noël ! C'est pour ça que je suis là. La justice avant tout !

— Et si tu me disais ton nom et tes prénoms afin que je puisse t'inscrire ?

— Je m'appelle Fifilotta, Provisionia, Gabardinia, Pimprenella Brindacier, fille du capitaine Éfraïm Brindacier, ex-terreur des océans, désormais roi des Cannibales. Fifi est le surnom que m'a donné mon papa, il trouvait que Fifilotta était trop long à dire.

— Dans ce cas, nous t'appellerons Fifi également. Si nous commencions par évaluer un peu tes connaissances ? Tu es une grande fille et tu sais sûrement déjà beaucoup de choses. Que dirais-tu d'un peu de calcul ? Une addition, par exemple. Combien font 7 et 5 ?»

Fifi observa la maîtresse, l'air surprise et fâchée.

«Si tu ne le sais pas toi-même, ne compte pas sur moi pour trouver la solution à ta place !»

Dresse la liste des règles de conduite que, d'après toi, Fifi ignore.

Fais des prédictions sur la suite de l'histoire.

- Que penseront les autres élèves du comportement de Fifi ? Qu'en pensera la maîtresse ?

PARTIE 2

Les enfants regardèrent Fifi avec horreur. La maîtresse expliqua que l'on ne répondait pas de cette manière à l'école. On ne disait pas «tu» à la maîtresse mais «vous» et on l'appelait «Mademoiselle».

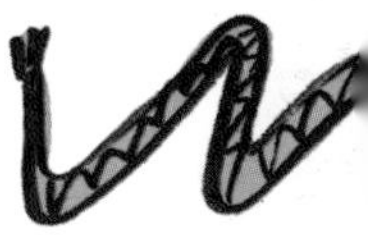

«Excusez-moi, répondit Fifi, gênée. Je ne savais pas. Je ne recommencerai plus.

— Je l'espère bien. Et je te dirai que 7 et 5 font 12.

— Tu vois bien ! Tu le savais ! Alors, pourquoi me le demander ? Oh ! là ! là ! je t'ai encore dit «tu». Pardon», dit Fifi en se donnant une grande claque sur l'oreille.

La maîtresse fit comme si de rien n'était et poursuivit l'interrogation :

«Eh bien, Fifi, combien font 8 et 4 ?

— Environ 67.

— Pas du tout. 8 et 4 font 12.

— Ah, mais ma petite dame, ça ne va pas du tout. Tu viens de me dire que c'est 7 et 5 qui font 12. Même dans une école, il doit y avoir un semblant d'ordre.»

Tiré de Astrid Lindgren, *Fifi Brindacier*,
coll. Le Livre de Poche jeunesse, © Hachette Livre.

Donne ton opinion.

- Que penses-tu de Fifi et de son comportement ?
- Qu'as-tu trouvé de drôle dans ce texte ?
- Lorsque tu exprimes ton opinion, comment sais-tu qu'on te comprend bien ?

Participe à une discussion.

- Faut-il dire *tu* ou *vous* ? Qu'est-ce qui est le mieux quand tu t'adresses à un ou une adulte ?
- Évalue ta participation à cette discussion.

À quoi sert un code de vie?

Voici trois bonnes raisons d'avoir un code de vie à l'école:

- Cela aide à développer de bonnes habitudes.
- Cela encourage le respect des personnes et de l'environnement.
- Cela contribue à créer un bon climat dans l'école.

Pour rédiger des règles de vie

- Commence chaque règle par «je».
- Évite les «*ne... pas*», «*ne... plus*» ou «*ne... jamais*».
- Rédige des phrases courtes.
- Mets les verbes au présent.

Exemple: *Je lève la main pour avoir le droit de parole.*

Trouve une façon «accrocheuse» de présenter les règles.

Que fais-tu quand tu as fini de lire un texte? Partage tes connaissances.

Révise les stratégies que tu connais déjà à ce sujet.

PAGE 218, STRATÉGIES Nos 21 À 25

Rédige, avec quelques camarades, trois règles de vie pour la classe.

- Ensemble, expliquez à la classe pourquoi et comment vous avez choisi ces règles.
- En grand groupe, adoptez quelques règles pour l'année et trouvez un bon moyen de les présenter.

Réfléchis à l'importance des règles de vie.

- Pourquoi existent-elles? Que se passerait-il s'il n'y en avait pas?
- Donne des exemples de règles de vie appliquées dans ta famille et dans ton milieu.

Chantier d'écriture

Un texte pour exprimer son opinion

Tu veux tenter de convaincre les autres que tes idées sont les meilleures ? **Écris** un texte d'opinion.

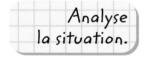

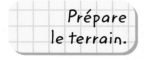

Dans le journal de l'école, je donne mon opinion sur l'importance d'économiser l'eau.
Je veux convaincre ma classe de voter pour moi.
Moi, je suis en faveur de l'obligation de porter un casque protecteur à vélo.

Quelles stratégies d'écriture utilises-tu pour...
- planifier tes textes ?
- les développer ?
- les réviser et les corriger ?
- évaluer ta manière d'écrire ?

Partage tes connaissances.

Révise les stratégies d'écriture que tu connais déjà.

PAGES 219 À 221, STRATÉGIES Nos 1 À 22

Analyse la situation.

Réfléchis à ton texte d'opinion et à ta manière de travailler.
- À qui écriras-tu ? Dans quel but ?
- Quelle position défendras-tu ?
- Écriras-tu sur papier ou à l'ordinateur ?

Prépare le terrain.

Demande-toi ce que tu sais sur les textes d'opinion.
- En as-tu déjà lu ? Où ? Comment les as-tu reconnus ?

Apprends du nouveau sur les textes d'opinion.

Dresse une liste d'arguments «pour» ta position, puis classe-les en ordre d'importance. Fais la même chose avec des arguments «contre».

Sélectionne tes trois meilleurs arguments et **choisis** leur ordre de présentation.

Écris ton premier jet.

Écris ton texte comme tu penses qu'il doit être.

- En cours de route, pense à consulter ta liste d'arguments.
- Au fil de l'écriture, relis ce que tu as écrit pour enchaîner la suite.

Regarde comment les autres ont fait.

Compare ton texte avec ceux de tes camarades.

- Examine les parties et la disposition du texte. Qu'y a-t-il de semblable et de différent d'un texte à l'autre ?

Observe les textes d'opinion de la page suivante.

- Compare les parties (A) des trois textes. Ensuite, fais la même chose avec les autres parties.

Compare ton texte avec les trois modèles.

- Que garderas-tu de ton texte ? Que modifieras-tu ?

Remplis ta *Fiche de récriture d'un texte d'opinion* pour retenir ce que tu as appris.

MOI, JE SUIS CONTRE LES INSECTICIDES...

A

Le casque protecteur obligatoire pour les cyclistes ?

B Pour moi, le casque protecteur devrait être obligatoire.

C D'abord, les casques d'aujourd'hui sont légers, confortables et faciles à ajuster. Ensuite, il existe maintenant de bons casques de vélo pas chers. Finalement, le casque de vélo est très efficace pour empêcher les blessures à la tête ou en réduire la gravité.

D Bref, je pense que le casque obligatoire est une bonne idée. Pourquoi s'en passer ?

Josh

E

A

Un casque de vélo ? JAMAIS !!!

B Je pense qu'on ne devrait pas obliger les cyclistes à porter un casque de vélo.

C Premièrement, un casque de vélo, c'est inconfortable, encombrant et difficile à ajuster.

Deuxièmement, certains cyclistes qui portent un casque se sentent tellement bien protégés qu'ils deviennent imprudents ! Troisièmement, l'obligation de porter le casque va décourager certaines personnes de faire du vélo…

D Pour toutes ces raisons, je dis qu'il ne faut surtout pas imposer le casque de vélo.

Tania

E

A

Le casque de vélo ? Une question de choix…

B Nous croyons qu'il faut laisser chacun décider de porter ou non le casque de vélo.

C S'il est bien ajusté, le casque est une bonne protection pour les cyclistes. D'ailleurs, quatre cyclistes sur cinq l'ont adopté sans y être forcés.

Par contre, plusieurs le jugent inconfortable et ne feraient plus de vélo si on les obligeait à en porter un.

D Pourquoi donc ne pas laisser le choix à chacun ?

Malik et Mélodie

E

Récris ton texte.

Récris ton texte pour l'améliorer.

- Consulte ta *Fiche de récriture d'un texte d'opinion*.

Fais lire ton texte amélioré à une ou à plusieurs personnes.

- Apporte les dernières modifications à ton texte.

Pour commenter un texte d'opinion

Indique un ou deux points forts et un ou deux points à améliorer. Voici des éléments sur lesquels tu peux te prononcer.

L'introduction

- Y en a-t-il une ? Indique-t-elle de quoi il est question dans le texte ? Précise-t-elle si la personne qui écrit est *pour*, *contre* ou *partagée* ?

Les arguments

- Un argument te semble inutile ? Dis-le.
- Tu penses à un autre argument ? Propose-le.
- Les arguments sont-ils introduits par des mots comme *d'abord*, *ensuite*, *enfin* ?

La conclusion

- Y en a-t-il une ? Rappelle-t-elle la position de la personne qui écrit ?
- Commence-t-elle par un mot comme *donc* ou *en conclusion* ?

Termine ton texte.

Corrige ton texte à l'aide de ta *Fiche de correction*.
- Pense à utiliser les outils de référence disponibles.

Transcris ton texte au propre ou imprime-le.

Diffuse ton texte, mais gardes-en une copie.

Évalue ton travail d'écriture.

Évalue ta démarche d'écriture.

Demande-toi si tu as atteint ton but avec ce texte.

Garde des traces des étapes de ton travail. Avant d'écrire ton prochain texte d'opinion, pense à les consulter !

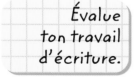

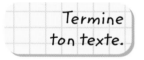

Tu fais partie
d'un MONDE VIVANT
riche, fragile
et complexe. À toi
de le découvrir
pour mieux l'apprécier
et le protéger.
C'est une question
d'équilibre et de santé !

11 Monde vivant

Plus de six milliards d'humains, au moins 360 000 espèces végétales et 1,5 million d'espèces animales se partagent la Terre. Le savais-tu ? MONDE VIVANT te fera découvrir quelques grandes caractéristiques de ces êtres vivants. Pour y arriver, tu feras des observations, tu mèneras des expériences et tu apprendras à organiser efficacement tes travaux. De plus, tu apprendras à tirer parti des intertitres de même qu'à écrire des textes informatifs.

Réagis à la carte d'exploration ci-dessous et **active** tes idées.

- Quelles questions te poses-tu sur les êtres vivants ?

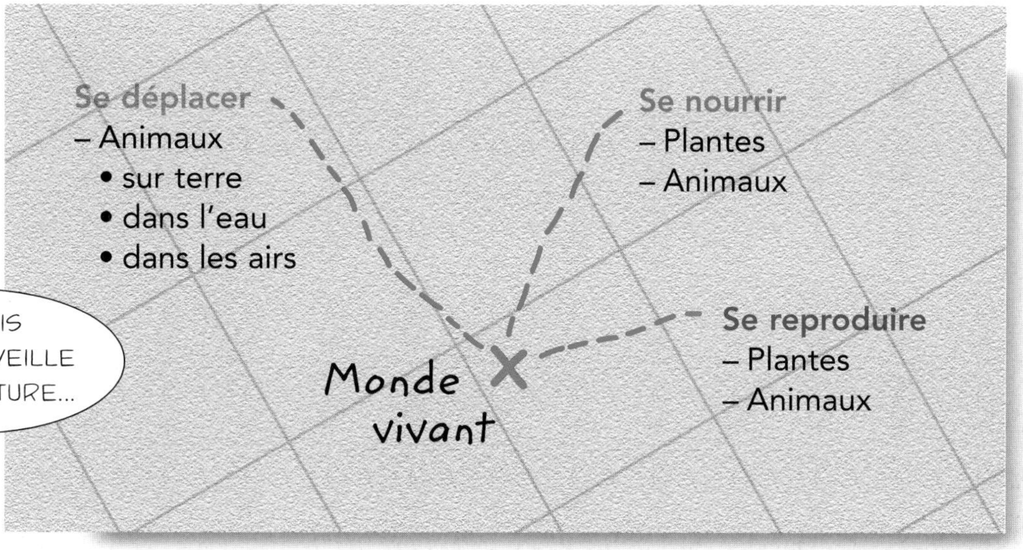

Planifie un projet pour mieux connaître le monde vivant.
Réalise-le et **présente**-le.

PISTES ET IDÉES

- Créer un zoo avec des illustrations et des informations sur les animaux.
- Créer un environnement pour des animaux ou des plantes : aquarium, terrarium, etc.
- Observer un animal ou une plante pendant une période donnée et faire part de ses observations.

Le monde vivant est magique et fascinant ! **Lis** les poèmes que voici pour voir comment les poètes s'en inspirent. Mais d'abord, rappelle-toi ce que tu sais sur les poèmes. PAGE 240

Les étoiles de mer

Au pays de la vanille,
Dans les îles des Antilles
Le soleil est toujours beau
Et les étoiles ont trop chaud.
Elles vont dormir dans la mer.

Ça fait des étoiles de mer.

Raymond Lichet et Andrée Marquet,
Rimaillages, Paris, L'École des Loisirs, 1982.

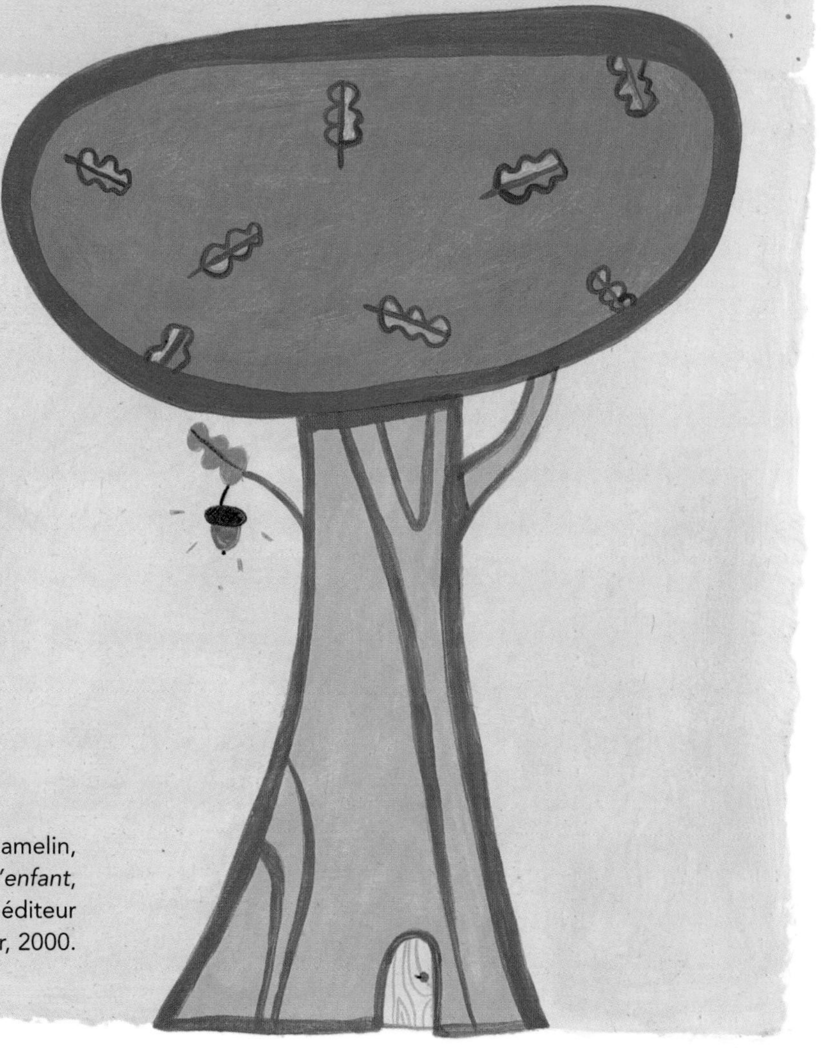

Chêne

Je suis un chêne
beau de mille soleils

je suis un chêne
grand de mille pluies

je suis un chêne
fort de mille vents

et après cent ans
je pense en souriant

à ce tout petit fruit,
le béret de travers,
qui rêvait d'être moi !

Avec des yeux d'enfant,
Montréal, L'Hexagone/VLB éditeur
et Henriette Major, 2000.

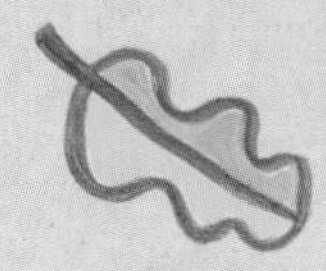

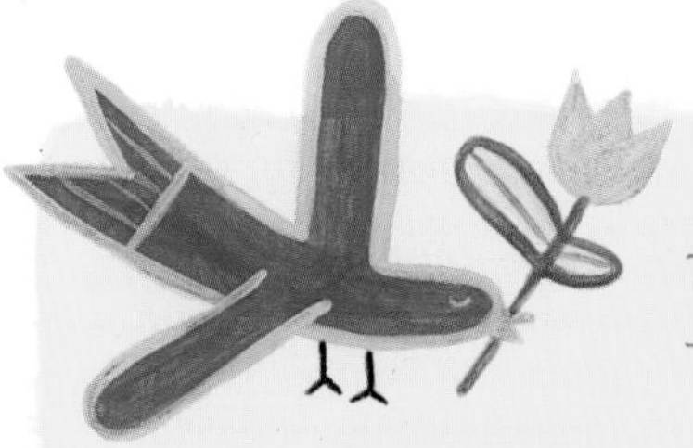

La p'tite fleur du bonheur

Mais quelle est donc la couleur
De la petite fleur du bonheur ?

Couleur des blés, couleur soleil
Jaune d'or répondit l'abeille
Ou bleu pastel dit l'hirondelle
Couleur d'été, couleur de ciel
Ou bien bleu nuit dit le hibou
Couleur de lune c'est très doux
Et très joli sourit le loup
Mais je préfère assurément
Mon beau rouge couleur de sang

Je vois, je vois dit le lapin
Pour faire un bouquet de bonheur
Mieux vaut semer dans son jardin
Des fleurs de toutes les couleurs

Jean-Marie Robillard, *Saperlipopette ! et autres comptines*, Toulouse, © Éd. Milan, 2000. (coll. Milan Poche Benjamin)

Petite encyclopédie des chats

Le chat Pitre
    Fait toujours des grimaces
Le chat Mot
    Écrit à sa mère
Le chat Sœur
    Met son voile sur sa tête
Le chat Tôt
    Se lève de bon matin
Le chat Moi
    Se prend pour un autre
Le chat Pot
    Fait des confitures

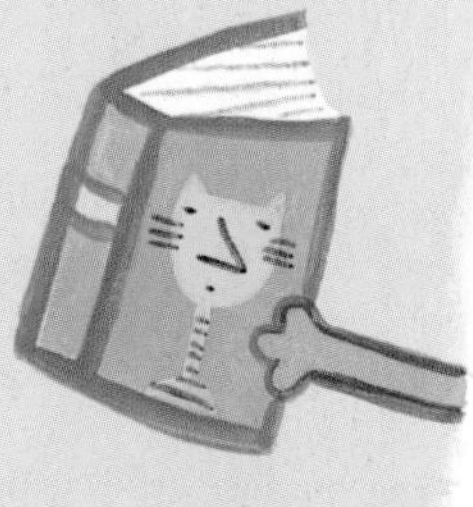

Violette Bordon, *Le rire des poètes*, Paris, Hachette Livre, 1998.

L'alligator

Comme un lézard qui se dore,
Comme un morceau de bois mort,

Comme un bateau dans le port,
Entre rosée et aurore,

Un alligator dort.

Pierre Coran, *Inimaginaire*,
© Sabam Belgium 2002.

Un mille-pattes à un mariage invité
N'y est jamais arrivé
Car il n'a pas pu achever
De lacer tous ses souliers...

Lucie Spède, dans Jacques Charpentreau,
La poésie comme elle s'écrit,
Paris, Éditions de l'Atelier, 1979.

Le moustique

Je te pique.
Tu me tapes.
Ma musique,
C'est du rap.
Je te pique.
Tu me rates.
Avec toi, je conjugue
Le balai et la fugue.

Pierre Coran, *Inimaginaire*,
© Sabam Belgium 2002.

LE JAGUARAGISTE

Jack aurait bien aimé être trompettiste
et jouer du piston, mais manque de pot
ou manque de talent, c'est selon,
il est devenu jaguaragiste.

Chtoc ! Chtoc ! Chtoc ! Fshiii ! Kaploutch !
Un Mustang, trois Cougars,
un Impala et deux Cobras arrivent
dans un piteux état
pour repartir complètement rétablis.
Vroummrr ! Vroummrr ! Pout ! Pout !

Parfois les clients sont sages
d'autres fois, ils enragent.
La facture est toujours trop salée
pour les pièces remplacées,
mais Jack, très honnêtement,
ne souffle jamais la note.

Marjolaine Bonenfant et Robert Soulières,
L'abécédaire des animots,
Montréal, Les Heures bleues, 2000.

Discute de ces poèmes avec quelques camarades.

- Que peux-tu dire sur chacun d'eux ?
- Quel est ton préféré ? Explique ton choix.
  Comment pourrais-tu le faire connaître à d'autres personnes ?

créatividées

Joue avec les mots.

- Comme Violette Bordon dans *Petite encyclopédie des chats*, trouve des mots qui commencent par *cha* et qui peuvent se diviser comme *chapeau / chat Pot*.
- Comme Marjolaine Bonenfant et Robert Soulières, combine des noms d'animaux avec des noms de métiers de manière à obtenir des mots-valises comme *jaguaragiste*.

chantier 2

Comment les plantes se reproduisent-elles ? Et les animaux ? Dis ce que tu en sais. Pour vérifier tes connaissances et en savoir plus, **lis** les textes et **fais** le laboratoire de ce chantier.

À quoi te servent le titre et les intertitres dans un texte informatif ? Partage tes connaissances.

La reproduction chez les plantes

Pour plusieurs plantes, tout commence par une graine. Mais encore faut-il que cette graine tombe au bon endroit…

De la fleur à la graine

La plupart des plantes produisent des fleurs qui se transforment en fruits contenant des graines. Ce sont ces graines qui permettent à presque toutes les plantes de se reproduire. Certains fruits ont plusieurs graines, d'autres en ont une seule. Les graines contiennent les réserves de nourriture nécessaires à la croissance de nouvelles plantes.

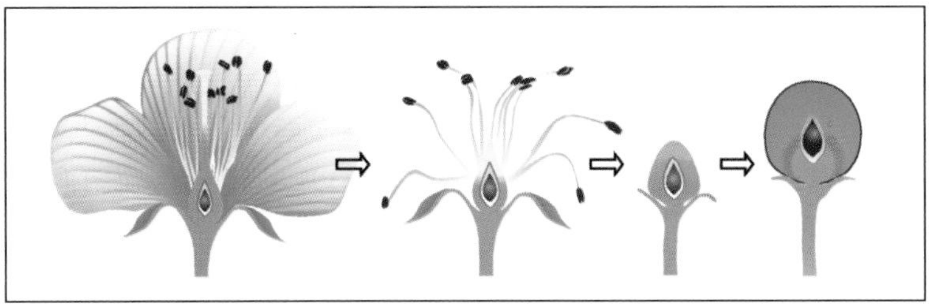

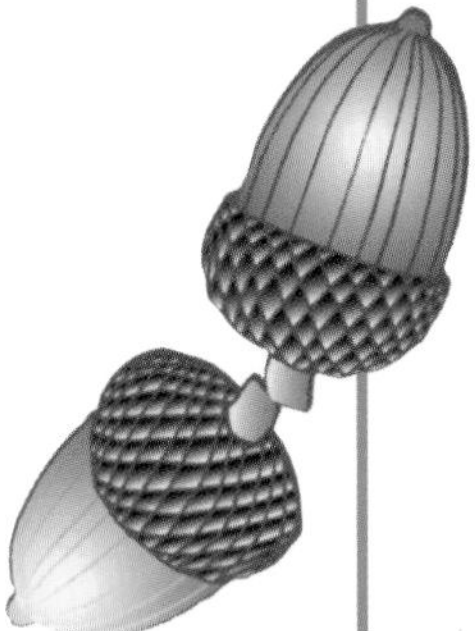

De grandes voyageuses

Les graines ne peuvent se déplacer par elles-mêmes. Pour aller de la plante au sol, elles empruntent un des trois modes de transport suivants : le vent, les animaux et l'eau.

Le vent

Le vent disperse les petits parachutes que forment les graines de pissenlit et d'asclépiade. Il fait aussi tourbillonner les samares d'érable (les « hélicoptères ») et planer les graines ailées des pins.

Les animaux

Les fruits à crochets des bardanes s'agrippent à la fourrure des animaux et parfois même à nos vêtements ! Les graines des fruits mangés par les oiseaux ressortent des animaux dans leurs excréments, prêtes à germer. Oubliées sous la neige, plusieurs variétés de noix et de graines cachées par les écureuils germent au printemps suivant.

L'eau

L'eau transporte sur de très longues distances les graines des plantes aquatiques comme les nénuphars. Elle déplace aussi les graines d'autres plantes qui vivent au bord de l'eau.

Laboratoire

La naissance d'une plante

ATTENTION DE NE PAS TE BLESSER AVEC LE COUTEAU !

Qu'est-ce qu'il y a dans une graine ?

Fais tremper une graine de haricot pendant quelques jours, puis coupe-la en deux. Observes-en l'intérieur et dessine ce que tu vois. Selon toi, que deviendront les parties intérieures de la graine ?

Quelle partie de la plante pousse en premier : les racines ou la tige ?

Pour le vérifier, coince deux ou trois graines de haricot entre un papier essuie-tout humide et la paroi intérieure d'un pot de verre. Maintiens l'humidité, attends quelques jours, puis observe le tout.

Du fruit à la graine

Sème dans du terreau quelques graines provenant des fruits et des légumes que tu manges (pépins de pomme ou d'orange, graines de poivron vert, etc.), puis observe ce qui se passe.

Utilise le titre et les intertitres du texte suivant pour prédire son contenu.

LA REPRODUCTION CHEZ LES VIVIPARES : l'exemple de la baleine

Les baleines sont des animaux vivipares, c'est-à-dire que le petit se développe à l'intérieur du corps de la mère. Voici les étapes de la reproduction de ce majestueux animal.

La parade nuptiale

Pour se reproduire, les baleines migrent vers les mers chaudes. Les mâles signalent leur présence aux femelles par un chant d'amour qui s'entend à plus de 100 km sous l'eau ! Durant la parade nuptiale, les baleines se touchent, se caressent et se mordillent parfois.

L'accouplement

Quand la femelle accepte le mâle, ce dernier colle son ventre contre le sien pour s'accoupler. Plusieurs mâles répètent l'opération jusqu'à ce que la femelle soit fécondée.

La gestation et la naissance

La gestation dure de 10 à 15 mois, selon l'espèce. Le baleineau naît la queue en premier. Il pèse alors environ une tonne et mesure de 4 à 5 m ! Sa mère le soutient à la surface de l'eau pour l'aider à respirer.

Les soins aux petits

Tous les vivipares sont des mammifères qui allaitent leurs petits. Après la naissance, pendant 10 à 12 mois, la baleine nourrit son petit d'un lait riche et chaud (environ 200 litres par jour). Grâce à ce lait, le baleineau prend environ 70 kg par jour ! Vers l'âge de un an, il est guidé par sa mère vers les mers froides et riches en nourriture. Autour de cinq ans, il pourra se reproduire à son tour.

Vérifie tes prédictions.

LA REPRODUCTION CHEZ LES OVIPARES : l'exemple du grand héron

Le grand héron est un animal ovipare, c'est-à-dire que ses petits se développent en dehors du corps de la mère, dans un œuf. Voici comment cela se déroule.

La parade nuptiale et l'accouplement

Chaque printemps, les hérons se retrouvent sur les sites de nidification (endroits où ils se reproduiront). De nouveaux couples se forment chaque année. En général, ce sont les mâles qui choisissent l'endroit : soit un vieux nid, soit un lieu où en construire un nouveau. Ils défendent ce territoire et tentent d'y attirer une femelle. Pour séduire, le mâle lance des cris stridents. Les hérons s'accouplent ordinairement dans le nid ou sur une branche voisine.

La construction du nid

Ensemble, le mâle et la femelle construisent le nid ou en réparent un avec des branches et des brindilles. Le mâle apporte les matériaux tandis que la femelle place le tout. Une fois terminé, le nid ressemble à une plate-forme de branchages d'environ un mètre de large.

L'incubation

En avril, la femelle commence à pondre un œuf tous les deux jours. Elle en pond généralement quatre. Le mâle les couve le jour ; la femelle, la nuit. L'incubation dure environ un mois.

L'éclosion

L'éclosion des œufs s'étale sur une semaine. Les petits sortent de leur coquille à deux jours d'intervalle. À la naissance, les oisillons sont recouverts d'un léger duvet et se déplacent difficilement dans le nid.

Une croissance éblouissante

Les parents nourrissent les petits avec quantité de poissons, de grenouilles, d'insectes et même de petits rongeurs spécialement prédigérés. Les héronneaux grandissent très vite. À deux semaines, ils se tiennent debout en ouvrant un peu les ailes. À six semaines, ils s'entraînent pour leur premier vol. À huit semaines, ils volent maladroitement. Vers la dixième semaine, les jeunes prennent leur envol. À l'âge de deux ou trois ans, ils pourront se reproduire.

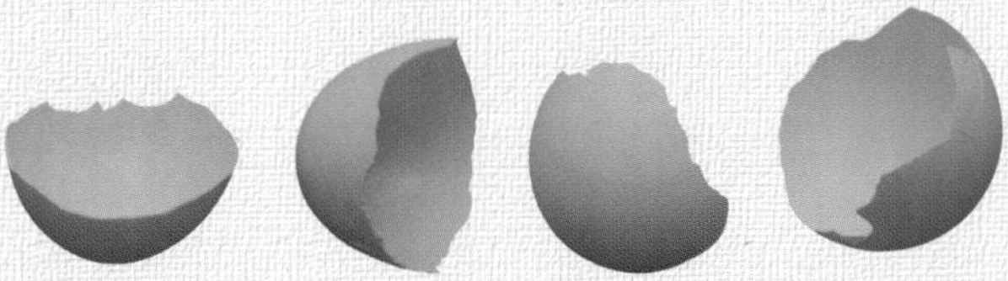

Montre ta compréhension des textes.

- Réponds à quelques questions sur la reproduction des plantes.
- Compare, à l'aide d'un tableau, la reproduction des vivipares avec celle des ovipares. Qu'est-ce qui les distingue ?

Réfléchis à ta manière de travailler.

- En quoi le *Laboratoire* t'a-t-il été utile ?
- Comment as-tu procédé pour remplir le tableau qu'on t'a remis ?

Élargis tes connaissances en répondant aux questions suivantes.

- Quelle partie de la plante mange-t-on dans un plant de carotte ? de brocoli ? de haricot ?
- Quels sont les fruits des plants de tomate et de concombre ? Explique tes réponses.
- À quelle étape de leur vie les vaches donnent-elles du lait ?

Donne ton opinion sur ce que tu as lu jusqu'à présent.

- Qu'as-tu appris de surprenant ?

chantier 3

De quoi les plantes et les animaux ont-ils besoin pour se développer ? Que sais-tu à ce sujet ? Que voudrais-tu savoir d'autre ?

Lis le titre et les intertitres du texte. Demande-toi ensuite si tu trouveras dans le texte des réponses à tes questions.

Pour tester ce que tu sais et en apprendre davantage, **lis** le texte et **fais** les laboratoires de ce chantier.

QUE MANGENT LES ANIMAUX ?

Tous les animaux doivent se nourrir pour vivre, grandir et se reproduire, mais ils n'ont pas tous la même alimentation. Ils sont carnivores, végétariens ou omnivores, et chacun a des outils bien adaptés à son alimentation.

LES CARNIVORES

Les animaux carnivores se nourrissent de la chair des bêtes qu'ils chassent. La plupart des carnivores sont des prédateurs parce qu'ils se nourrissent de proies fraîches.

MOI, JE SUIS «BISCUITIVORE»...

Les outils des carnivores

Pour surprendre leur proie, les carnivores utilisent leur sens le mieux développé : la vue (chez les rapaces comme l'aigle et le faucon, par exemple); l'ouïe ou l'odorat (chez le loup et le renard, par exemple); la perception des vibrations dans l'eau (chez le requin et le brochet, par exemple).

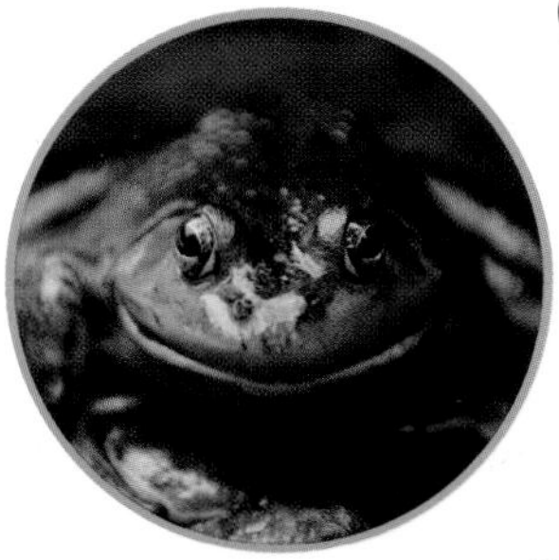

Certains prédateurs comme les félins (chat, panthère, lion, etc.) tuent leur proie avant de la manger. Ils la saisissent avec leurs pattes, puis la tuent avec leurs crocs. Chez les rapaces, les serres et le bec ont la même utilité. D'autres prédateurs avalent leur proie vivante. C'est à cela que sert la langue visqueuse des grenouilles.

LES VÉGÉTARIENS

Les animaux végétariens se nourrissent de plantes (tiges, fleurs, fruits, feuilles, écorce, bourgeons, etc.).

Les outils des végétariens

Plusieurs gros végétariens comme la vache, le chevreuil et la girafe ruminent. Ils broutent une grande quantité d'herbe et avalent rapidement sans mastiquer. Lorsque leur estomac est plein, ils font remonter des boulettes d'aliments dans leur bouche par une sorte de régurgitation naturelle. Ils mastiquent alors ces boulettes avec leurs grosses molaires.

Les rongeurs comme le lapin, le mulot et le porc-épic ont de longues incisives. Elles les aident à prélever de petits copeaux de nourriture qu'ils coupent ensuite entre leurs molaires.

LES OMNIVORES

Les omnivores ont un menu varié : ils sont à la fois carnivores et herbivores.

Les outils des omnivores

Les omnivores comme le raton laveur, l'ours noir et la mouffette ont quelques dents aiguisées et des dents plates. Ils peuvent chasser (insectes, poissons, oiseaux, petits mammifères comme les souris) ou manger des fruits, des noix et de l'herbe.

Laboratoire

Des dents bien utiles

Lorsque tu manges une pomme,
- avec quelles dents coupes-tu des morceaux ?
- avec quelles dents les écrases-tu ?

À ton avis, à quoi servent tes petites dents pointues appelées *canines* ?

Laboratoire

Que «mangent» les plantes ?

Quelle expérience peux-tu faire à partir de cette illustration ?

Que devient l'eau absorbée par une plante ?

Qu'arrivera-t-il si tu places une plante à l'obscurité quelques jours ?

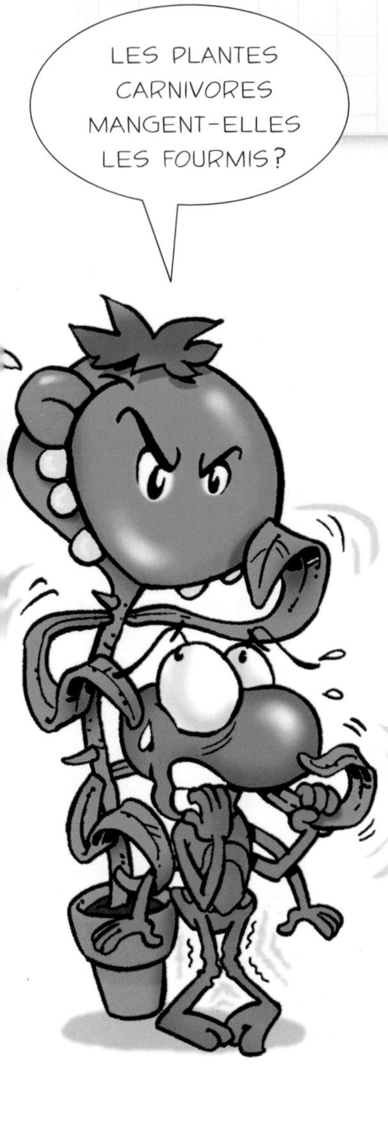
LES PLANTES CARNIVORES MANGENT-ELLES LES FOURMIS ?

Récapitule, dans des tableaux, l'essentiel de ce que tu as découvert sur l'alimentation des plantes et des animaux.

Réfléchis à ta façon de travailler en équipe.

- Comment avez-vous procédé pour faire les *Laboratoires* ?
- Comment vous êtes-vous réparti les tâches ?
- Que ferez-vous différemment la prochaine fois ? Pourquoi ?

Élargis tes connaissances en répondant aux questions suivantes.

- Quel est le régime alimentaire des humains ?
- Quelles catégories d'aliments aident à grandir en santé ?
- Pourquoi faut-il prendre soin de ses dents ? De quelle façon ?

Le savais-tu ?

En général, les arbres vivent plus longtemps que les humains. Une fois adultes, nous arrêtons de grandir, mais les arbres poussent tant qu'ils vivent; ils deviennent ainsi très grands.

chantier 4

Comment les êtres vivants se déplacent-ils ? Quelles parties de leur corps les aident à se mouvoir ? Pour mieux comprendre le mode de déplacement des animaux, **fais** le laboratoire et **lis** le texte qui suit.

Laboratoire

Sur terre, dans l'eau et dans les airs

Pour mieux comprendre les déplacements sur terre

1. Marche en prêtant attention à la partie de ton pied qui touche le sol, au mouvement de tes bras et à la longueur de tes pas. Cours en observant les mêmes aspects.
2. Marche à quatre pattes en prêtant attention aux membres qui touchent le sol.
3. Saute à pieds joints. Qu'est-ce que tu as fait pour te donner un élan ?
4. Rampe sur le sol sans t'aider de tes bras et sans plier les genoux. Comment as-tu réussi à avancer ?

Pour mieux comprendre les déplacements dans l'eau

1. Pense à ce que tu fais pour flotter et nager.
2. Pourquoi est-il plus difficile de marcher dans l'eau que hors de l'eau ?
3. Dans un grand plat d'eau, fais des mouvements avec une spatule, puis avec un couteau. Quel outil déplace le plus d'eau ? Fais des liens entre cette expérience et le déplacement de certains animaux dans l'eau.

Pour mieux comprendre les déplacements dans les airs

Observe un oiseau. Comment ses ailes sont-elles placées pour voler ? planer ? atterrir ?

Fais des liens avec des inventions humaines.

- Pourquoi met-on parfois des palmes pour nager ?
- En quoi les avions ressemblent-ils aux oiseaux ?

Les plantes se déplacent à leur manière : leurs racines s'enfoncent dans le sol et leur tige croît en défiant la gravité.

Bien « équipés » pour se déplacer sur le sol

Les animaux qui se déplacent sur le sol ont quatre principaux modes de déplacement: la marche, la course, le saut et la reptation.

Vois maintenant quelles parties de leur corps les aident à se mouvoir.

■ L'équipement pour la marche

Les bipèdes comme les oiseaux et les humains ont deux pattes ou deux jambes pour marcher; les quadrupèdes comme les chats et les chiens ont quatre pattes.

■ L'équipement pour la course

Certains coureurs sont quadrupèdes (lions, gazelles, guépards), d'autres sont bipèdes (autruches). Pour courir rapidement, ces animaux ont de longues pattes, minces et musclées ainsi que des pieds conçus pour fouler le sol.

RIEN NE SERT DE COURIR... SAUF EN CAS D'URGENCE !

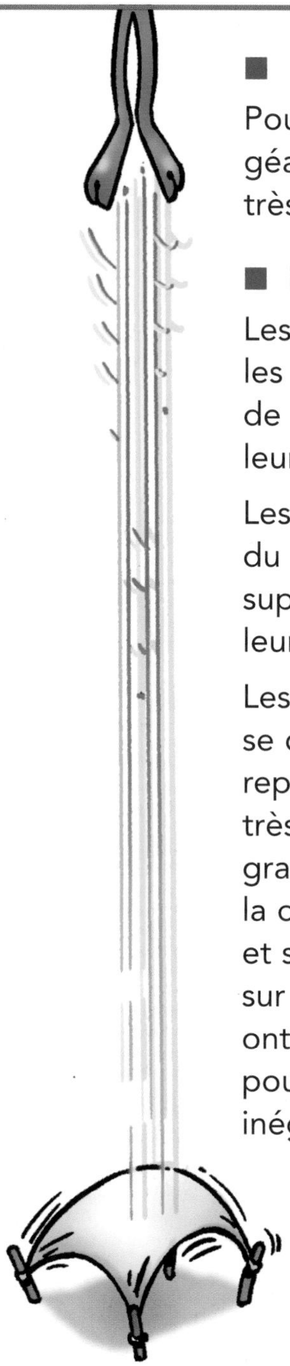

L'équipement pour le saut

Pour sauter, puces, sauterelles, pumas, cerfs, kangourous géants, lièvres et grenouilles ont des pattes aux muscles très développés et des pieds très longs.

L'équipement pour la reptation

Les spécialistes de la reptation comme les couleuvres, les vipères, les vers de terre et les sangsues n'ont pas de pattes. Ils rampent dans le sol ou en surface en contractant leur corps.

Les lézards, quant à eux, ont des pattes placées sur les côtés du corps. Toutefois, comme ces pattes ne peuvent les supporter, leur ventre touche le sol. La reptation est donc leur mode habituel de déplacement.

Les animaux qui se déplacent par reptation ont un corps très allongé, une grande souplesse de la colonne vertébrale et souvent des écailles sur la peau. Les lézards ont aussi des griffes pour s'accrocher aux inégalités du sol.

Utilise les intertitres pour repérer des informations.

Exemple : *L'intertitre «L'équipement pour le saut» m'indique que les renseignements à ce sujet se trouvent vers le milieu du texte.*

Récapitule, dans un tableau, l'essentiel de ce que tu as appris sur les modes de déplacement des animaux.

- Comment feras-tu pour trouver dans le texte l'information demandée ?

Que sais-tu du guépard ? Fais-en part à la classe. Pour vérifier tes connaissances et en apprendre davantage, **lis** les textes de ce chantier.

Avant de lire les textes, tire le maximum des titres et des intertitres.

Une chasse impitoyable

Dans la savane, le guépard vit sur le même territoire que d'autres carnivores. Pour manger à sa faim, il chasse à une vitesse fulgurante. Voici ses quatre règles de survie.

Bien voir pour chasser

Le guépard chasse en plein jour. Il part tard le matin et tôt l'après-midi pour éviter les lionnes et les panthères. Il s'attaque à des proies pesant moins de 40 kg, comme le lièvre, la gazelle, le porc-épic, le chacal, le jeune phacochère ou des oiseaux au sol.

Courir pour gagner

Le guépard repère d'abord sa proie depuis un poste de guet en hauteur. Puis, il s'approche d'elle en se faufilant entre les herbes. Quand il est à moins de 50 m, il l'attaque. La gazelle prend la fuite à 80 ou 90 km/h. Pour la rattraper, le guépard fait des pointes à 110 km/h.

Se reposer pour survivre

Le guépard ne peut maintenir sa vitesse de pointe que quelques secondes, car son corps s'échauffe vite. Après une minute de course, soit 300 m, sa température dépasse 40,5 °C. Il est à la limite de la mort. Il doit s'arrêter. Dans ces conditions, il manque la moitié de ses attaques.

Tuer pour manger

Pour courir aussi vite, le guépard a besoin de manger 2 à 3 kg de viande par jour. Il ne se nourrit que de proies fraîches qu'il tue lui-même. Vingt minutes après avoir abattu sa proie, il ne s'y intéresse plus. Il la laisse aux vautours et aux hyènes.

Champion du monde de 100 mètres

Le guépard est l'animal le plus rapide du monde. Son corps d'athlète lui permet d'atteindre des records de vitesse. Pendant la course, il s'élance et s'étire au maximum, donnant ainsi l'impression de flotter en l'air pendant quelques instants. Quand il retombe, il amortit sa chute en posant d'abord le pied avant droit au sol.

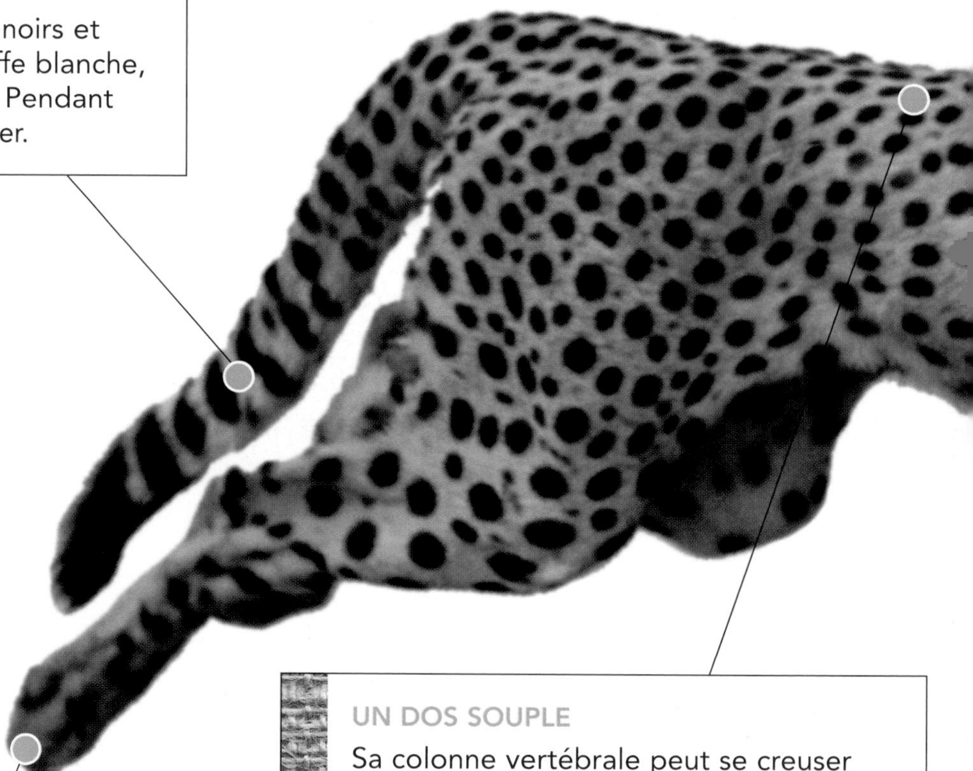

UNE LONGUE QUEUE

Ornée de trois à six anneaux noirs et parfois terminée par une touffe blanche, la queue mesure 65 à 85 cm. Pendant la course, elle sert de balancier.

UN DOS SOUPLE

Sa colonne vertébrale peut se creuser et se courber. Dos bien étiré, le guépard mesure, du bout du museau à la base de la queue, 110 à 135 cm. Il peut onduler dans l'air comme un nageur dans l'eau. Il gagne ainsi de la vitesse.

DES GRIFFES USÉES

Comme elles dépassent toujours un peu, les griffes frottent sur le sol et s'usent. Elles sont moins pointues que celles du lion. Le guépard utilise ses griffes pour s'agripper au sol lors des accélérations et des changements de direction.

UN COU ÉPAIS

Il est très musclé et paraît épais car la tête du guépard est plutôt petite. Grâce aux muscles de son cou, le guépard peut garder la tête relevée pendant toute la course pour ne pas perdre sa proie de vue.

DES YEUX PUISSANTS

La vue du guépard est excellente. Quand il poursuit une proie à toute vitesse, le guépard ne la perd pas de vue un seul instant.

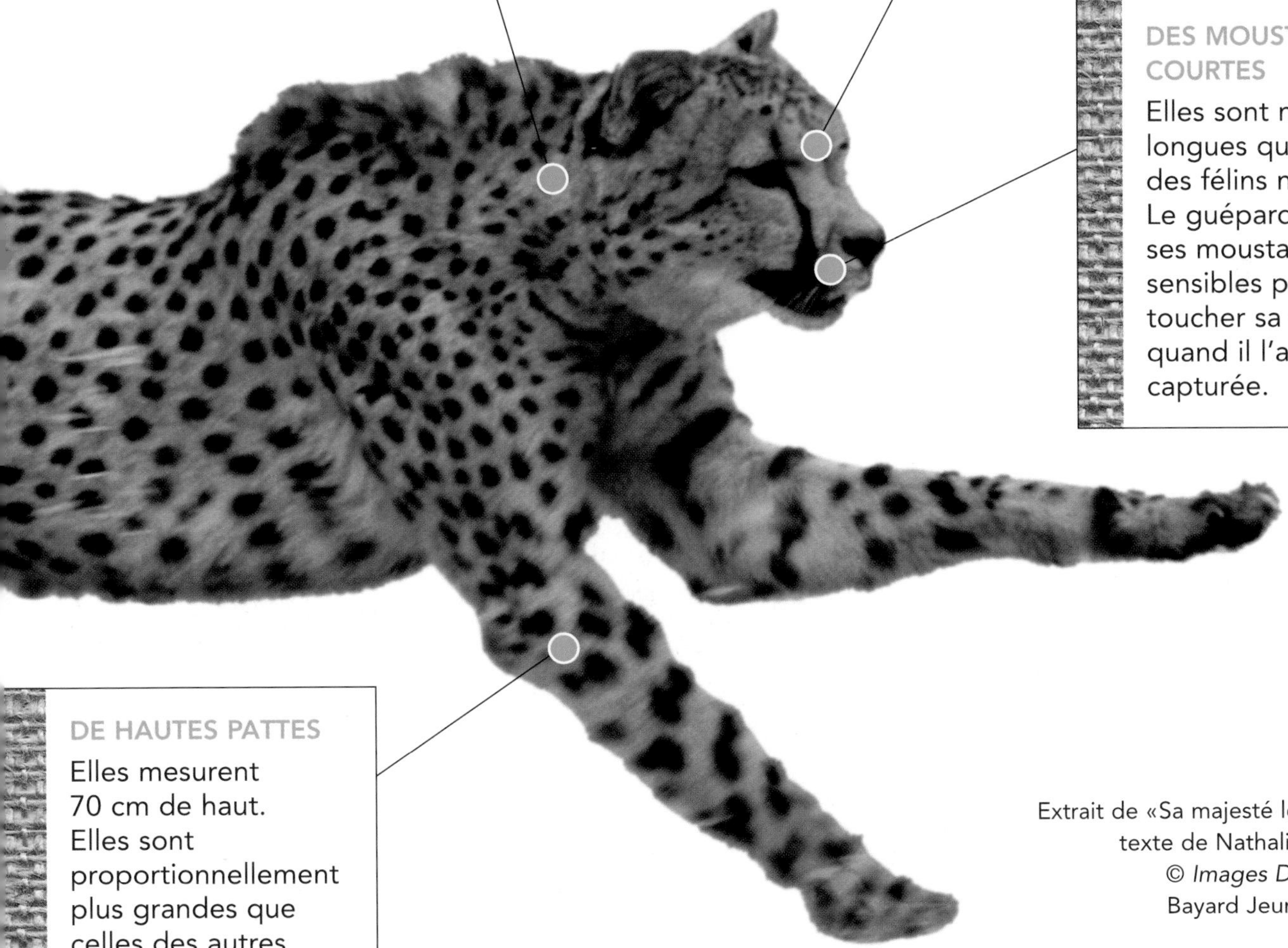

DES MOUSTACHES COURTES

Elles sont moins longues que celles des félins nocturnes. Le guépard utilise ses moustaches sensibles pour toucher sa proie quand il l'a capturée.

DE HAUTES PATTES

Elles mesurent 70 cm de haut. Elles sont proportionnellement plus grandes que celles des autres félins. Le guépard utilise ses hautes pattes pour faire de grandes foulées.

Extrait de «Sa majesté le guépard»,
texte de Nathalie Tordjman,
© *Images Doc* (n° 154),
Bayard Jeunesse, 2001.

Fais le point sur l'utilité du titre et des intertitres dans les textes informatifs.

Remplis la fiche sur le guépard pour faire des liens entre ce chantier et les trois précédents.

- Comment répondras-tu aux questions de la fiche ?

Chantier d'écriture

Un texte pour informer (2)

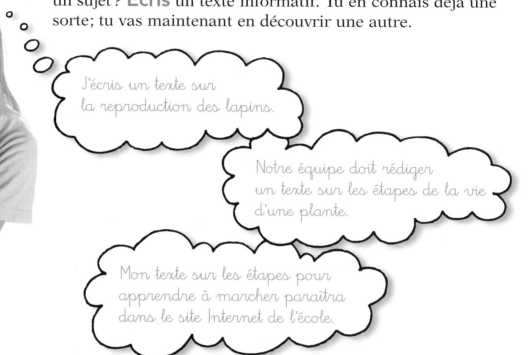

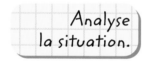

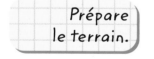

Tu veux rassembler et communiquer des renseignements sur un sujet ? **Écris** un texte informatif. Tu en connais déjà une sorte; tu vas maintenant en découvrir une autre.

J'écris un texte sur la reproduction des lapins.

Notre équipe doit rédiger un texte sur les étapes de la vie d'une plante.

Mon texte sur les étapes pour apprendre à marcher paraîtra dans le site Internet de l'école.

Analyse la situation.

Réfléchis à ton texte et à ta manière de travailler.

- Pour quelle raison écris-tu ? Pour qui ?
- Écriras-tu sur papier ou à l'ordinateur ?
- Combien de temps as-tu pour faire ton travail ?

Prépare le terrain.

Pense à l'organisation de ton texte.

– Rappelle-toi ce que tu sais à propos des textes informatifs. PAGE 237

– Apprends du nouveau sur les textes informatifs. PAGE 26

Organise ta recherche.

- Que sais-tu sur ton sujet ? Que veux-tu savoir de plus ?
- Quelles sources de renseignements consulteras-tu ? Pense à les varier.

Prépare un schéma «en train» pour noter les informations que tu trouveras.

- Au-dessus du train, écris ton sujet. Dans chaque wagon, écris un intertitre. PAGE 239

LA REPRODUCTION CHEZ LES VIVIPARES: l'exemple de la baleine

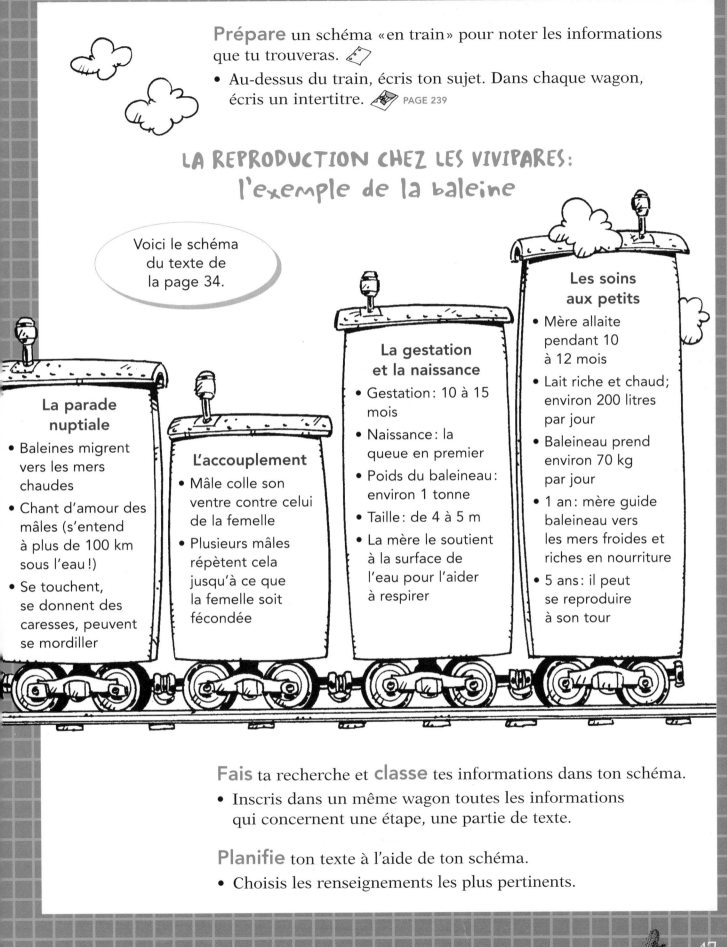

Voici le schéma du texte de la page 34.
La parade nuptiale
• Baleines migrent vers les mers chaudes
• Chant d'amour des mâles (s'entend à plus de 100 km sous l'eau !)
• Se touchent, se donnent des caresses, peuvent se mordiller
L'accouplement
• Mâle colle son ventre contre celui de la femelle
• Plusieurs mâles répètent cela jusqu'à ce que la femelle soit fécondée
La gestation et la naissance
• Gestation: 10 à 15 mois
• Naissance: la queue en premier
• Poids du baleineau: environ 1 tonne
• Taille: de 4 à 5 m
• La mère le soutient à la surface de l'eau pour l'aider à respirer
Les soins aux petits
• Mère allaite pendant 10 à 12 mois
• Lait riche et chaud; environ 200 litres par jour
• Baleineau prend environ 70 kg par jour
• 1 an: mère guide baleineau vers les mers froides et riches en nourriture
• 5 ans: il peut se reproduire à son tour

Fais ta recherche et **classe** tes informations dans ton schéma.

- Inscris dans un même wagon toutes les informations qui concernent une étape, une partie de texte.

Planifie ton texte à l'aide de ton schéma.

- Choisis les renseignements les plus pertinents.

Écris ton premier jet.

Écris ton texte informatif comme tu penses qu'il doit être.

- En cours de route, pense à consulter ton schéma.
- Au fil de ton écriture, relis ce que tu as écrit pour enchaîner la suite.

Regarde comment les autres ont fait.

Compare ton texte avec ceux de tes camarades.

- Examine la disposition du titre, des intertitres et du texte. Qu'y a-t-il de semblable et de différent d'un texte à l'autre ?

Compare ton texte informatif avec celui de la page 34.

- Que garderas-tu de ton texte ? Que modifieras-tu ?

Remplis ta *Fiche de récriture d'un texte informatif* pour retenir ce que tu as appris.

Récris ton texte.

Demande-toi si ce que tu as écrit correspond bien à ce que tu veux dire.

– Relis ton texte, puis réfléchis à des modifications possibles en consultant ton schéma et ta « Fiche de récriture d'un texte informatif».

– S'il y a lieu, modifie ton texte :
  - Ajoute les informations que tu as oubliées.
  - Raye les informations qui ne sont pas reliées au sujet.
  - Déplace les paragraphes qui ne suivent pas l'ordre du déroulement dans le temps.

Fais lire ton texte amélioré à une ou à plusieurs personnes.

- Apporte les dernières modifications à ton texte.

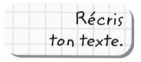

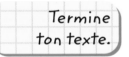

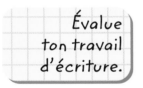

LE LANGAGE DES ANTENNES, C'EST COMPLIQUÉ !

De petits gestes qui en disent long

Quand les autres commentent tes textes, **utilise** discrètement ton corps et l'expression de ton visage pour leur envoyer des messages.

- Un **léger froncement des sourcils** veut souvent dire «je ne comprends pas» ou «je ne suis pas d'accord».
- Un **léger hochement de tête** veut souvent dire «je comprends» ou «je suis d'accord».
- **Se tenir convenablement**, **regarder** la personne qui parle et l'**écouter** veut souvent dire «je prête attention à ce que tu dis».
- Attention ! **Regarder ailleurs** ou **dessiner** quand l'autre nous parle peut signifier «je n'écoute pas» ou «cela ne m'intéresse pas» !

Termine ton texte.

Corrige ton texte à l'aide de ta *Fiche de correction*.

- Utilise les outils de référence disponibles.

Transcris ton texte au propre ou **imprime**-le.

Ajoutes-y des illustrations.

Diffuse ton texte, mais gardes-en une copie.

Évalue ton travail d'écriture.

Évalue ta démarche d'écriture.

Demande-toi si tu as atteint ton but avec ce texte.

Fais le point sur l'utilité de...
– penser à l'organisation de son texte;
– se demander si ce qu'on écrit correspond bien à ce qu'on veut dire.

Garde des traces des étapes de ton travail. Avant d'écrire ton prochain texte informatif, pense à les consulter !

Qu'ont en commun le pont **Laviolette,** le boulevard **de Maisonneuve** et le quartier du petit **Champlain** ? Leurs noms rappellent les origines françaises de la société québécoise, dont tu fais partie. Viens découvrir la passionnante page d'histoire que cache chacun de ces noms.

12 En Nouvelle-France vers 1645

Que sais-tu des Français qui ont traversé l'Atlantique pour s'établir ici il y a environ 400 ans ? EN NOUVELLE-FRANCE VERS 1645 t'invite à découvrir les débuts de la société française en Amérique. Tu y trouveras de l'information pour répondre à tes questions et réaliser tes projets. Tu donneras ton opinion. Tu apprendras aussi à mieux comprendre les mots difficiles et tu feras une affiche d'invitation.

Réagis à la carte d'exploration ci-dessous et **active** tes idées.

- Quelles questions te poses-tu sur les débuts de la Nouvelle-France ?

Les Français en Nouvelle-France

- **Qui** sont-ils ?
- **Quel territoire** habitent-ils ?
- **Comment** vivent-ils ?
- Comment est leur **cohabitation avec les Amérindiens** ?
- Qu'est-ce qui est d'**origine française** autour de nous ?

NOUVELLE-FRANCE, J'ARRIVE !

Planifie un projet pour découvrir la société française en Nouvelle-France vers 1645.

Réalise-le et **présente**-le.

PISTES ET IDÉES

- Présenter une galerie de personnages importants de cette époque.
- Construire une ligne du temps et l'habiller d'événements marquant les débuts de la Nouvelle-France.
- Écrire une histoire mettant en vedette des Français venus en Nouvelle-France au début du 17e siècle.

chantier 1

Pour inventer leurs récits, certains auteurs s'inspirent de personnes qui ont existé et d'aspects de la vie d'autrefois. Pour découvrir un tel récit, **lis** le texte que voici.

Tu utilises déjà des stratégies pour comprendre les mots nouveaux ou difficiles. Mets-les à l'épreuve pour expliquer les mots soulignés ci-dessous.

Le départ

PARTIE 1

Étienne a besoin d'une bonne cachette, et vite ! Il se réfugie dans une malle, mais le coffre est hissé à bord d'un navire qui quitte aussitôt le port de Honfleur. Lorsque Étienne sort de sa cachette, il se retrouve face à des hommes qui menacent de le jeter à l'eau. Au moment où le garçon se croit perdu, le sieur de Champlain arrive et ordonne à Jean du Val de le lâcher. Champlain entraîne le jeune dans sa cabine. Étienne raconte alors sa mésaventure : en circulant dans le marché pour vendre ses fleurs, il a fait tomber quelques pains de l'étalage d'une marchande. Celle-ci l'a accusé de vol et s'est mise à le poursuivre. Puisque Étienne est orphelin, il n'a personne pour le protéger.

Champlain, qui a écouté le récit du jeune garçon sans dire un mot, tortille son imposante moustache avant d'admettre sur un ton calme :

— Je veux bien te croire et te faire confiance. Tu es donc le fils d'un menuisier et tu essaies de survivre en vendant des fleurs. Si tu retournes à Honfleur, tu risques fort d'être arrêté pour le vol de quelques croûtes de pain. Sais-tu, jeune homme, que tu es dans une position peu enviable ? Qu'as-tu l'intention de faire pour te sortir de ce mauvais pas ?

Étienne soupire et hausse les épaules. Son avenir lui semble bien noir ! Champlain examine son passager clandestin de la tête aux pieds et, le sourire aux lèvres, il lui propose :

— Que penserais-tu de rester avec nous et de travailler comme apprenti menuisier ? Cela signifie que tu quittes Honfleur et la France pour un pays qui n'existe pas encore, la Nouvelle-France. Pour l'atteindre, il faut traverser l'océan jusqu'à une vaste terre où il n'y a que nature sauvage. Tout est à bâtir. Et j'ai besoin d'hommes décidés pour fonder ma colonie. Es-tu intéressé ?

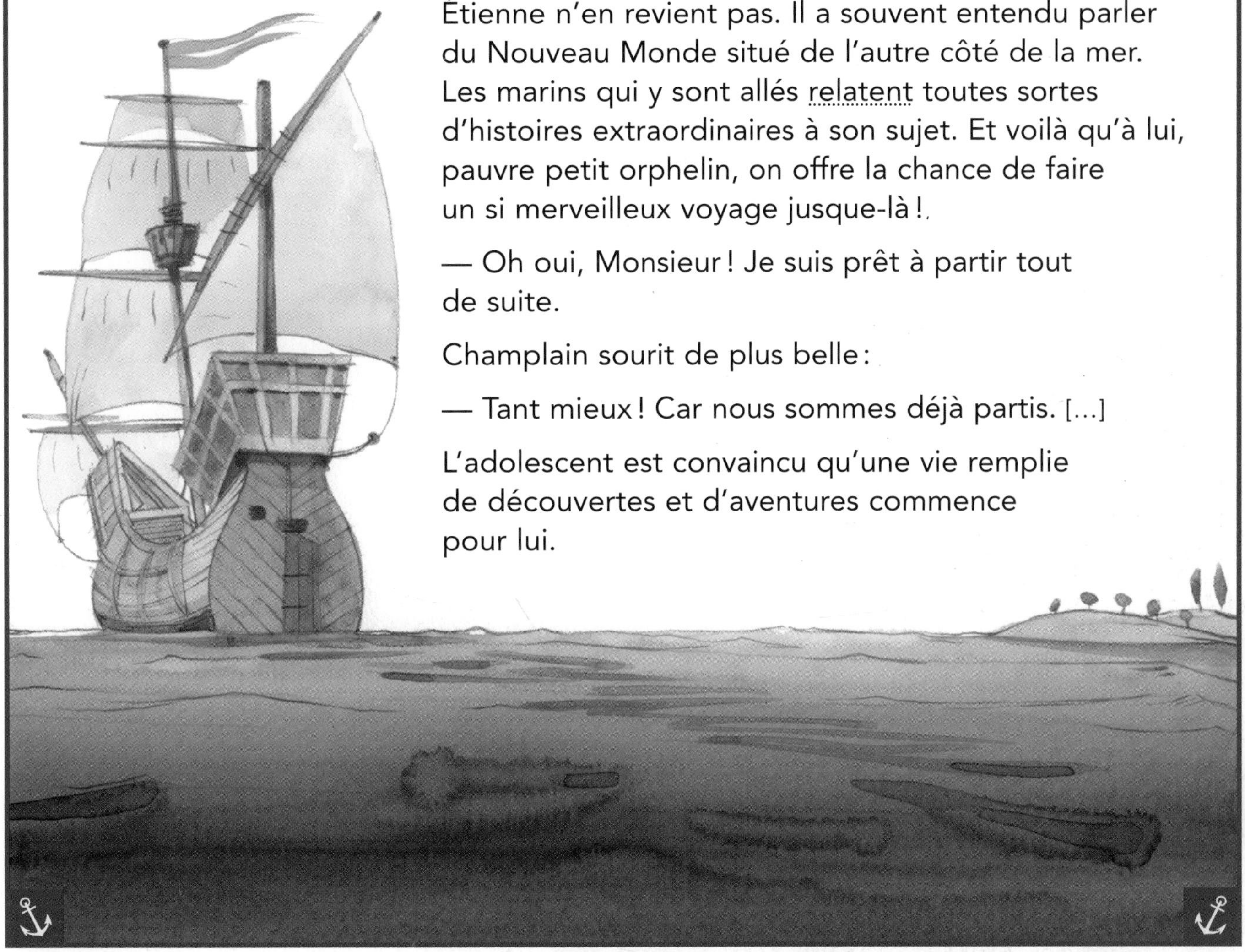

Étienne n'en revient pas. Il a souvent entendu parler du Nouveau Monde situé de l'autre côté de la mer. Les marins qui y sont allés relatent toutes sortes d'histoires extraordinaires à son sujet. Et voilà qu'à lui, pauvre petit orphelin, on offre la chance de faire un si merveilleux voyage jusque-là !

— Oh oui, Monsieur ! Je suis prêt à partir tout de suite.

Champlain sourit de plus belle :

— Tant mieux ! Car nous sommes déjà partis. [...]

L'adolescent est convaincu qu'une vie remplie de découvertes et d'aventures commence pour lui.

Récapitule le début de cette histoire.

Explique comment Étienne se sent aux différents moments du récit.

Découvre un personnage du récit.

- Champlain a existé. Que t'apprend le texte sur lui ?

Malgré l'heure avancée, la plupart des hommes sont éveillés et regroupés sur le pont éclairé par la lune. Accaparant l'attention de tous, un vieux marin toussote et poursuit son récit:

— Parole de Leclercq, si je mens, je vais en enfer! Les forêts sont tellement denses que l'on peut y perdre la tête en cherchant à s'y retrouver! Et, l'hiver, la neige enterre le toit des cabanes! Mais le plus terrifiant, ce sont les monstres et les autres bêtes incroyables qui habitent ce pays sauvage...

Étienne lance un regard incrédule à Antoine, un jeune homme assis à côté de lui, et chuchote à son oreille:

— Tu ne penses pas qu'il exagère un brin?

Leclercq, qui a de bonnes oreilles, se choque:

— Es-tu en train de dire à ton copain que je suis un menteur? Tu verras bientôt que je n'invente rien. C'est mon quatrième voyage dans ce pays et, chaque fois, j'accompagnais le sieur de Champlain. J'en ai visité, des collines et des plaines! J'en ai remonté, des rivières et des lacs! Et j'en ai vu, des bêtes étranges qui n'ont pas leurs pareilles en France!

— Je n'ai pas voulu vous insulter, mais tout cela me paraît tellement incroyable que... bredouille Étienne.

Il est interrompu par un grand gaillard aux allures désagréables, Jean du Val :

— Eh ! Leclercq ! Toi qui sais tout, peux-tu nous dire quand c'est qu'on va quitter ce maudit bateau pour la terre ferme ? Déjà plus de deux mois qu'on se traîne sur la mer ! La nourriture est plus mangeable, l'eau est plus buvable et tout le monde pue la sueur. Y'est grandement temps qu'on débarque quelque part !

Un murmure d'approbation court parmi les hommes réunis. Il est vrai que le voyage est long. Ils ont tous hâte d'arriver dans ce pays inconnu.

Leclercq lève la tête et hume l'air comme un chien qui cherche son chemin, puis, il claque la langue et annonce en fixant celui qui lui a posé la question :

— Jean du Val, je peux te dire sans me tromper que dans deux jours tu vas pouvoir te laver dans de l'eau claire et que tu vas cesser de nous empester !

Tiré de Susanne Julien, *Tête brûlée*,
Iberville, Coïncidence/Jeunesse, 1992, p. 21-26.

Le savais-tu ?

À part Samuel de Champlain, d'autres personnages de l'extrait ont déjà existé. Jean du Val a accompagné Champlain et contribué à la construction de la première habitation de la Nouvelle-France. Étienne Brûlé, lui, est arrivé très jeune en Nouvelle-France. Il a appris la langue des Algonquins et servi d'interprète (traducteur qui permet à des personnes de langues différentes de se comprendre).

Fais des liens entre ce qui a existé et ce récit.

- Au début, la Nouvelle-France était un pays sauvage. Quelles phrases du texte te permettent de voir cela dans ta tête ?
- La vie à bord des navires qui venaient en Nouvelle-France était très difficile. Quelles phrases du texte te permettent de t'en faire une idée ?

chantier 2

Au 16e siècle, les Amérindiens occupaient une bonne partie du territoire du Québec actuel. Puis des explorateurs sont venus d'Europe. Que sais-tu d'eux ? Pour en apprendre davantage sur le sujet, **lis** le texte suivant.

> Devant un mot difficile, tu peux aussi essayer la stratégie «regarde dans le mot».
> — Tente de découper le mot et de trouver le sens de chacune de ses parties. PAGES 281 ET 282
> Observe comment cela permet d'expliquer le sens des mots soulignés dans les textes des chantiers 2 et 3.

Que s'est-il passé entre 1500 et 1645 ?

Les richesses de la Nouvelle-France poussent des Français à s'y établir et à tisser des liens avec les Amérindiens.

La Nouvelle-France : un pays de rêve

Avant 1500, certains navigateurs européens s'arrêtent sur les côtes de l'Amérique du Nord. En 1534, Jacques Cartier, envoyé par le roi de France, est le premier Français à explorer le golfe du Saint-Laurent. Les terres de cette région, qu'on appelle «Nouvelle-France», font rêver.

- Europ- + -éen
  Ça fait penser à Saguenéen (qui vient du Saguenay).
  Hypothèse : européens = qui viennent d'Europe.
  J'essaie : certains navigateurs européens (venus d'Europe)... Oui !

Pas d'or ni de diamants

Jacques Cartier effectue trois voyages en Nouvelle-France. À son dernier, en 1541, il met la main sur des pierres polies, aussi belles que des diamants. Il en rapporte au roi. Ces pierres sont, hélas, sans valeur. Le roi se désintéresse alors de la Nouvelle-France.

- dés- + intéresse
  Le préfixe dés- = contraire de.
  Hypothèse : désintéresse = cesse de s'intéresser.
  J'essaie : Le roi se désintéresse (cesse de s'intéresser)... Oui !

Castor et chapeaux de feutre

Des Français continuent de venir en Nouvelle-France pour pêcher et chercher des fourrures. Vers la fin du 16e siècle, les chapeaux de feutre fabriqués avec des poils de castor sont à la mode en Europe. La Nouvelle-France redevient alors intéressante pour le roi.

Un poste de traite pour les échanges

Soixante ans après les découvertes de Jacques Cartier, Samuel de Champlain est envoyé par le roi de France pour fonder un poste de traite (un lieu où se procurer des fourrures) en Nouvelle-France. En 1608, il s'établit sur les rives du Saint-Laurent.

Des Amérindiens amis, des Amérindiens ennemis

Champlain se lie d'amitié avec les Montagnais, les Algonquins, puis les Hurons. Toutefois, les Hurons et les Iroquois sont en guerre. Champlain et ses hommes deviennent alliés des Hurons vers 1609.

De nouveaux postes de traite

D'autres postes de traite sont établis pour accroître le commerce des fourrures. Trois-Rivières (1634) et Montréal (1642) sont des postes importants.

Des débuts lents, mais prometteurs

En 1627, la France fonde la Compagnie des Cent-Associés. Un des buts de cette compagnie est d'encourager les familles françaises à venir s'établir en Nouvelle-France. Vers 1645, les résultats sont modestes, mais prometteurs...

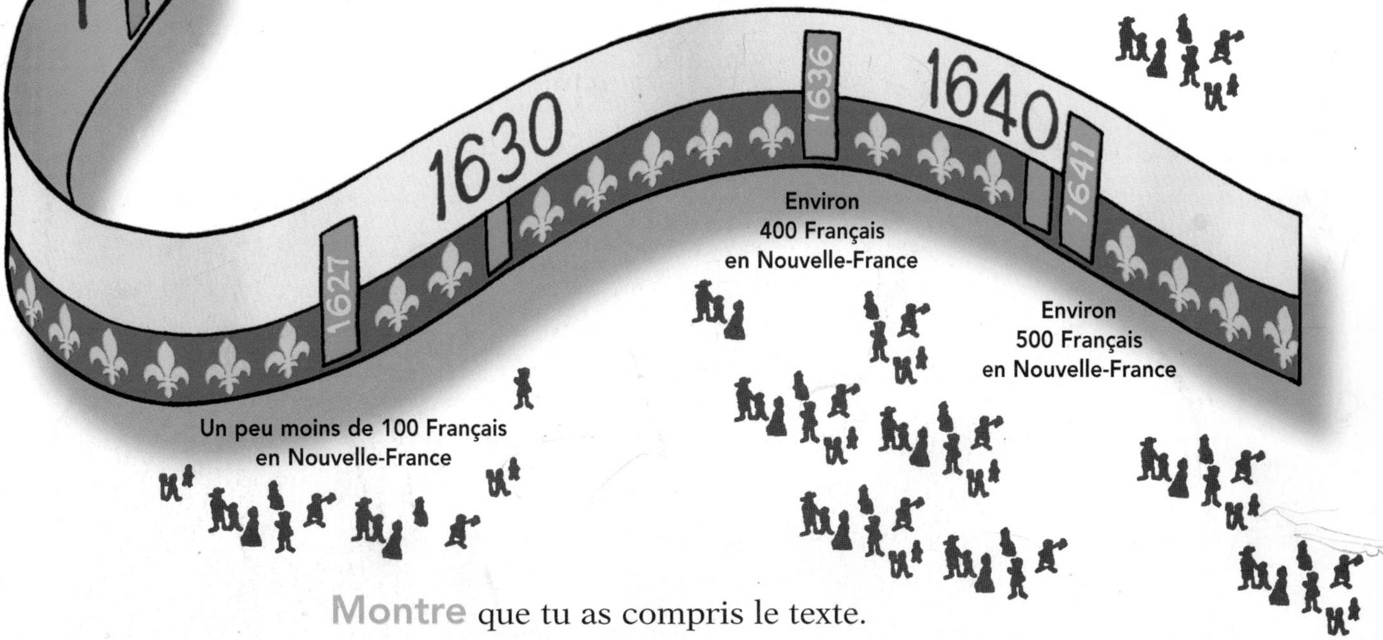

Montre que tu as compris le texte.

- Explique ce que sont la *Nouvelle-France* et un *poste de traite*.
- Situe, sur une ligne du temps, les principaux événements dont il est question dans ce texte. Mais avant, explique comment tu t'y prendras.

chantier 3

Québec, Trois-Rivières et Montréal sont aujourd'hui des villes importantes du Québec. C'est là que les premiers colons de la Nouvelle-France se sont d'abord établis. Pour apprendre l'essentiel sur leur fondation, **lis** le texte.

Trois postes le long du Saint-Laurent

Décider où s'installer, c'est sérieux !
Chaque lieu doit offrir de précieux atouts.

Québec

Champlain fonde Québec

En 1608, l'explorateur et cartographe Samuel de Champlain choisit un site sur le bord du fleuve pour le premier établissement permanent de la Nouvelle-France. Le défi du fondateur : défricher la forêt pour y construire une immense habitation de deux étages. Une trentaine de Français de tous les métiers aident l'explorateur dans sa mission. L'*Abitation* servira de fort, de magasin, d'entrepôt et de maison. Autour de cette habitation, on sème du blé et on cultive des légumes. Ainsi naît Québec et commence le peuplement français sur les rives du Saint-Laurent.

- carto- + -graphe
carto- fait penser à carte.
-graphe ? Je ne sais pas...
Explorateur m'aide à faire une hypothèse : cartographe = qui trace des cartes.
J'essaie : l'explorateur et cartographe (personne qui explore et fait des cartes)... Oui !

Du haut d'une falaise

Pourquoi les Français ont-ils choisi cet endroit en 1608 ? D'abord, le site est facile à défendre. En effet, du haut de la falaise, le cap Diamant, on voit passer tous les navires. Puis, il est facile d'y échanger des fourrures avec les Amérindiens. De plus, le sol riche peut être cultivé. De là, enfin, on peut organiser des expéditions vers l'intérieur des terres. Qui sait ? Peut-être trouvera-t-on le passage vers la Chine que les explorateurs européens sont chargés de découvrir.

MA FOURMILIÈRE, OÙ L'INSTALLER ?
MMM...

Aquarelle de Léonce Cuvellier illustrant l'*Abitation* de Champlain.

Le savais-tu ?

Durant les premières années, la population de l'*Abitation* se limite à quelques hommes. En 1619, environ 80 personnes y vivent : Champlain lui-même, trois missionnaires, des officiers, des cultivateurs, des commis et des ouvriers. Dans les années 1640, un village se forme autour de l'*Abitation*.

Trois-Rivières

Laviolette fonde Trois-Rivières

1er juillet 1634. Une grande barque quitte Québec et remonte le fleuve en direction des «Trois-Rivières». À son bord se trouve le sieur de Laviolette, employé d'un poste de traite. C'est Champlain qui l'envoie en compagnie de quelques soldats, d'artisans, d'interprètes et de deux missionnaires. Aussitôt arrivés à destination, les pionniers travaillent dans la forêt. Leur but : couper le bois pour construire des bâtiments et une palissade. Cet établissement, qui deviendra Trois-Rivières, servira de poste de traite pour le commerce des fourrures et de fort pour protéger les habitants des attaques iroquoises.

À la rencontre des «trois rivières» et du fleuve

Pourquoi les Français s'établissent-ils aux «Trois-Rivières» ? D'une part, cette petite colline de sable, située à la rencontre des «trois rivières» et du fleuve, permet de guetter l'arrivée des alliés et de se mettre à l'abri de l'ennemi iroquois. D'autre part, l'endroit est idéal pour le commerce des fourrures. Français et Amérindiens s'y rencontrent déjà pour échanger des marchandises contre des peaux d'animaux.

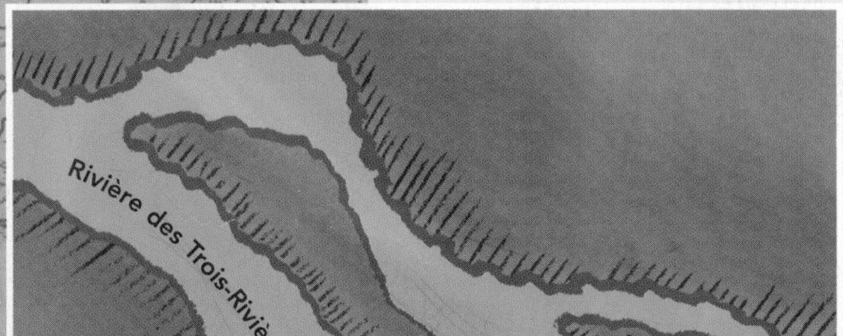

Les deux îles à l'embouchure de la rivière Saint-Maurice donnent l'impression qu'il y a trois rivières.

Montréal

Maisonneuve fonde Ville-Marie (qui deviendra Montréal)

La menace iroquoise ne fait pas reculer Paul Chomedey de Maisonneuve. Ce courageux militaire dit qu'il fondera Ville-Marie, même si «tous les arbres de cette île devaient se changer en autant d'Iroquois». Il prend officiellement possession du territoire du troisième établissement de la Nouvelle-France le 17 mai 1642. Il y installe un petit fort et quelques cabanes près du Saint-Laurent. Jeanne Mance, qui accompagne Maisonneuve dans cette mission, fondera le premier hôpital de Ville-Marie.

Pour comprendre un mot difficile, tu peux aussi consulter un dictionnaire.

Pourquoi les Français veulent-ils donc s'installer à Ville-Marie ? Parce qu'ils souhaitent encourager les Amérindiens à devenir sédentaires et les convertir à la religion catholique.

Juste avant les rapides

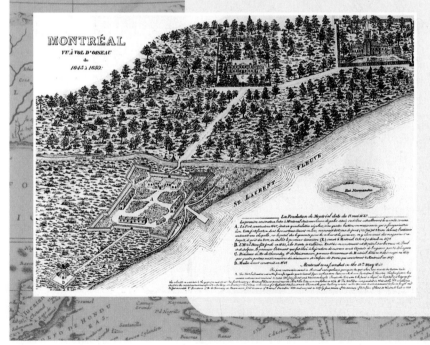

Pourquoi ce site ? Situé plus à l'ouest, mais toujours au bord du Saint-Laurent, il présente tout un avantage : il oblige les navires à s'arrêter. En effet, les rapides de Lachine bloquent la route vers le Sud. Ainsi, les habitants de Ville-Marie peuvent observer le va-et-vient sur le fleuve et y exercer un certain contrôle.

Récapitule l'essentiel de ce texte.

- Note comment se sont déroulées les trois premières installations des Français. Avant, précise comment tu t'y prendras.

chantier 4

Tu sais déjà que, vers 1500, les Amérindiens tiraient pleinement profit des atouts de leur milieu pour vivre. Comment les premiers Français venus s'établir en Nouvelle-France se sont-ils débrouillés ? **Lis** le texte suivant pour le découvrir.

Explique le sens des mots soulignés dans les textes des chantiers 4, 5 et 6. PAGES 216 ET 217

VIVRE EN NOUVELLE-FRANCE VERS 1645

La Nouvelle-France est une colonie française, c'est-à-dire un territoire d'Amérique qui appartient à la France. Au début, peu de Français s'y installent. Certains viennent y commercer quelques années, puis retournent en France.

En 1645, la colonie de la Nouvelle-France compte environ 500 personnes venues de France, surtout des commerçants et des artisans. Ces personnes vivent principalement dans les établissements de Québec, Trois-Rivières, Ville-Marie (Montréal), Tadoussac et Sainte-Marie-des-Hurons. Plusieurs milliers d'Amérindiens vivent tout autour. La population est surtout composée d'hommes.

Le territoire de la Nouvelle-France vers 1645.

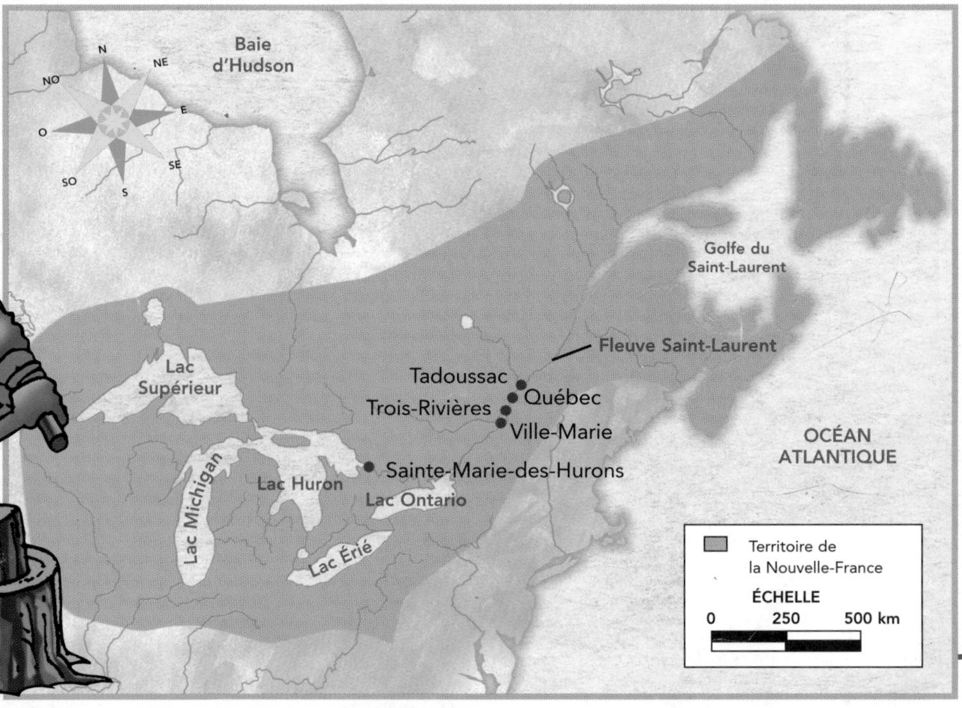

DE QUOI VIVENT LES GENS EN NOUVELLE-FRANCE ?

Le commerce des fourrures est à la base de la colonie. Les Amérindiens capturent les animaux ou se procurent des fourrures chez les peuples des terres éloignées pour les vendre aux Français. Comme ils n'utilisent pas de monnaie, les Amérindiens échangent ces peaux contre divers objets. Les Français vendent ensuite les peaux à de riches marchands de France.

Au poste de traite de Québec, on échangeait des fourrures contre des objets comme des chaudières, des chaudrons de cuivre, des haches, des épées, des couteaux. Ces objets ont vite remplacé les outils amérindiens moins résistants faits en os, en pierre ou en bois.

La population de la colonie s'adonne aussi à l'agriculture autour des postes de traite. Mais le sol fertile est couvert de forêt. Il faut donc couper le bois et enlever les souches malgré le manque de bœufs de labour. Le travail se fait à la bêche et à la pioche. Comme l'agriculture ne suffit pas à nourrir la colonie, la France envoie chaque année par bateau les vivres nécessaires.

COMMENT VIVENT LES GENS EN NOUVELLE-FRANCE ?

Se nourrir

Une bonne partie de la nourriture provient de la nature : gibier (castor, orignal, outarde, oie blanche, etc.), poisson, champignons, ail, petits fruits et produits de l'érable. À cela s'ajoutent les produits des récoltes, comme la citrouille et le maïs. Le jardin fournit aussi légumes et fines herbes. Le pain est un aliment important, mais la farine vient principalement de France.

Se déplacer

En Nouvelle-France, les gens utilisent le plus souvent la barque ou le canot pour parcourir de longues distances. Sur les courtes distances, ils empruntent des sentiers forestiers tracés par les Amérindiens. En hiver, les Français parcourent les sentiers en raquettes. Comme le fleuve et les rivières sont gelés, les longs déplacements deviennent pratiquement impossibles.

Ce sont des navires de type caravelle qui font les traversées entre la France et la Nouvelle-France. Ils s'arrêtent soit à Québec, soit à Tadoussac. De Tadoussac à Québec, le trajet se fait en barque.

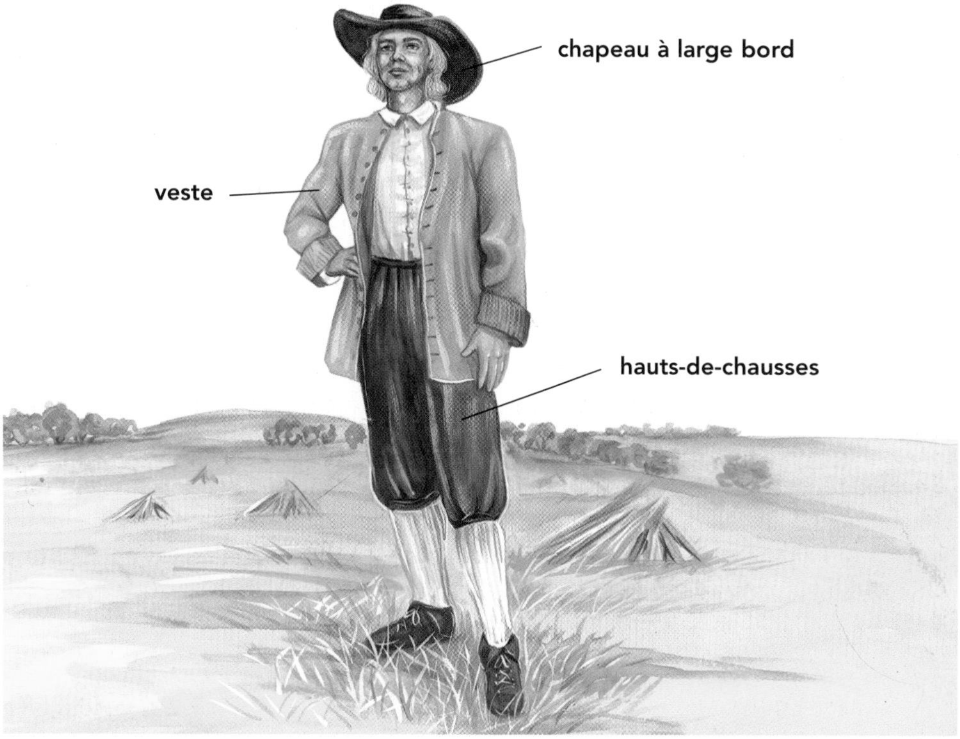

La tenue des Français en été.

Se vêtir

En général, le costume ressemble à celui qui se porte en France à la même époque.

Par temps froid, les Français portent un *tapabord* (une calotte de drap pouvant se rabattre pour couvrir la nuque et le front). À part les mocassins et les mitaines, ils portent peu de vêtements de fourrure ou de cuir.

Vivre sa religion

La colonie est essentiellement catholique. Les Jésuites (des prêtres missionnaires) ont comme mission de faire connaître la religion catholique aux Amérindiens. Pour cela, ils accompagnent les marchands de fourrure afin de discuter des questions religieuses avec les Amérindiens.

Décris la façon de vivre des Français en Nouvelle-France. Mais avant, explique comment les intertitres du texte t'aident à remplir le tableau qu'on te remet.

Explique pourquoi les Français vivaient ainsi.

Donne ton opinion sur la façon de vivre des Français. En quoi les trouves-tu débrouillards ?

chantier 5

La Nouvelle-France s'est développée grâce au travail et au courage de familles françaises et amérindiennes. Mais ce travail, en quoi consistait-il ? Pour le savoir, **lis** les témoignages suivants.

Des témoins racontent...

Cultiver la terre, troquer des fourrures ou être missionnaire sont des occupations courantes en Nouvelle-France. Des témoins de l'époque t'expliquent leur travail. Leurs témoignages sont fictifs, mais basés sur des faits réels.

Cultiver la terre

Je m'appelle Marie. Je suis venue en Nouvelle-France avec Louis, mon mari, et mes enfants pour peupler la colonie. On nous a confié un bout de terre en nous demandant de le cultiver. Nous sommes donc devenus pionniers et agriculteurs. Avant de nous installer, il a fallu couper des arbres et enlever des pierres. Ici, on vit au rythme des saisons. Tout le monde met la main à la pâte, même les enfants. Le travail de la terre est très difficile ! Tout se fait manuellement, sans instruments. Comme nous sommes peu nombreux à faire pousser grains et légumes, la famine nous guette chaque printemps.

MOI, JE METS LA MAIN À LA PÂTE... À BISCUITS !

Troquer des fourrures

On me nomme Carcajou, l'Algonquin. Mes ancêtres ont habité ici bien avant les Blancs. Voilà pourquoi je connais à fond le territoire. Jour après jour, je parcours les forêts pour chasser et trapper. Les Français raffolent de la fourrure, surtout celle du castor. Quand ma chasse est bonne, je livre mes peaux d'animaux aux Blancs. En échange, ceux-ci m'offrent différents produits : chaudières, hameçons, chemises de toile, tabac, aiguilles, perles, savon, alcool, fusils et poudre. Souvent aussi, je sers d'intermédiaire entre les Français et les chasseurs amérindiens. Je participe donc à la traite des fourrures, un important commerce de la Nouvelle-France.

Être missionnaire

Mon nom est Jean. J'appartiens à la communauté religieuse des Jésuites. Je suis venu en Nouvelle-France pour convertir les Amérindiens à la religion catholique. Ce n'est pas une mince tâche ! À Québec, des membres de ma communauté ont fondé un collège pour instruire les enfants. Ils espèrent que leurs élèves amérindiens apprendront aussi à vivre à la mode européenne. Pour ma part, j'accompagne souvent les explorateurs et les marchands français dans leurs expéditions. Comme je parle plusieurs langues autochtones, j'agis souvent comme interprète entre les Français et les Amérindiens. À ma manière, je participe à la traite des fourrures.

Donne ton opinion sur les occupations et les personnages présentés dans le texte.

- Laquelle des trois occupations te semble la plus importante dans le développement de la Nouvelle-France ? Pourquoi ?
- Lequel des personnages aurais-tu aimé être ou connaître ? Pourquoi ?

chantier 6

En vivant parmi les Amérindiens, les Français se sont fait des amis aussi bien que des ennemis. Pour mieux comprendre les différentes alliances, **lis** le texte suivant.

Cohabiter avec les Amérindiens

Avant que les Français s'établissent le long du Saint-Laurent, certains Amérindiens se font la guerre. Pour obtenir des fourrures, les Français doivent donc choisir…

Des amis

Au début du 17e siècle, les Hurons, les Algonquins et les Montagnais vont régulièrement aux postes de traite échanger leurs peaux d'animaux contre toutes sortes d'objets européens. Comme Champlain et ses hommes font de bonnes affaires avec ces Amérindiens, ils deviennent leurs alliés.

Des ennemis

En s'alliant aux Montagnais, aux Algonquins, puis aux Hurons, Champlain et ses hommes sont devenus des ennemis des Iroquois. Avant que les Français s'installent en Nouvelle-France, les Algonquins et les Montagnais sont déjà en guerre contre les Iroquois. Tous veulent contrôler les déplacements sur le Saint-Laurent, car les fourrures et les objets européens y voyagent. Jusque vers 1640, les deux clans étaient à peu près d'égale force. Mais après 1640, les Iroquois (alors alliés aux Anglais installés le long de la côte de l'Atlantique) auront le dessus pendant quelques années.

De la réalité à la fiction

De tout temps, les conflits ont fait couler beaucoup d'encre. Voici un court extrait d'un roman d'André Noël.

L'ATTAQUE

Morel et Cadorette viennent de voler deux ballots de fourrures avec quatre Algonquins complices. Ils fuient dans la forêt. Ils comptent vendre ces peaux à des Hurons.

Mais la jeune Ahonque veut récupérer ces ballots. Elle s'approche des voleurs qui dorment.

•

Les quatre Algonquins et Morel dorment sous les canots. Cadorette est adossé à un arbre, près du feu, une arme sur les jambes. Il devait monter la garde, mais il s'est endormi. Immobile, Ahonque écoute ses ronflements réguliers.

Elle doit agir avec audace et vitesse. Elle marche vers un ballot sans faire aucun bruit et réussit à le hisser sur son dos. Elle se traîne en silence vers un rocher, à bonne distance du campement. Elle cache le ballot sous des branches et de la mousse, puis elle revient près du feu.

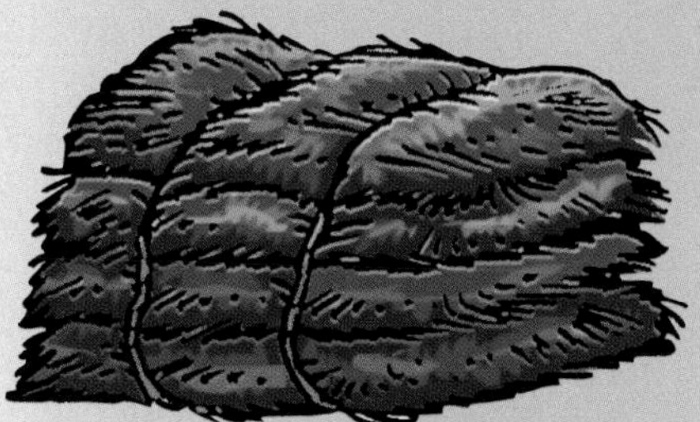

Les cris jaillissent lorsqu'elle s'empare du deuxième ballot. Huit guerriers iroquois surgissent de la nuit. Elle sent qu'on la tire par les cheveux. Elle se débat, mais reçoit un coup de massue sur le crâne. À moitié assommée, elle s'écroule sur le sol.

Son regard se voile. Comme dans un songe, elle voit Cadorette brandir son arme et tirer. [...]

Ahonque s'évanouit.

Adaptation d'un texte tiré d'André Noël, *Trafic chez les Hurons*, Montréal, La courte échelle, 2000, p. 63-65.

Fais le point sur la stratégie « regarde dans le mot » et sur la nécessité d'utiliser plusieurs stratégies pour s'expliquer les mots difficiles.

Récapitule l'essentiel du texte dans un schéma.

Donne ton opinion à propos des histoires inspirées de la vie d'autrefois.

Chantier d'écriture

Une affiche pour inviter

Tu veux convaincre les gens de participer à un événement que tu organises ? **Fais** une affiche d'invitation.

On invite les résidents du centre d'accueil à notre exposition sur la Nouvelle-France.

Notre équipe invite les autres classes aux olympiades du 2e cycle.

Je veux inciter les gens de mon quartier à donner des jouets pour notre guignolée.

Analyse la situation.

Réfléchis à ton affiche.

- Dans quel but la fais-tu ? Qui la lira ?
- Où sera-t-elle placée ? À quelle distance des lecteurs ?
- Quels moyens utiliseras-tu pour la rendre attrayante ?
- Quand dois-tu l'afficher pour qu'elle soit utile ?

Prépare le terrain.

Rappelle-toi ce que tu sais sur les affiches.

- En as-tu déjà réalisé une ? Si oui, comment as-tu fait ?

Dresse la liste des informations à inscrire sur ton affiche.

Compose une ou deux formules pour convaincre les gens de répondre à ton invitation.

Réalise ton premier jet.

Fais ton affiche comme tu penses qu'elle doit être.

Regarde comment les autres ont fait.

Compare ton affiche avec celles de tes camarades. En équipe, discutez de vos premiers jets.

– Pistes de discussion : informations données, formules pour convaincre, disposition des éléments.

Observe, avec quelques camarades, les affiches suivantes.

– Pistes d'observation : nombre, longueur et disposition des phrases ; disposition des éléments ; ce qui ressort le plus ; éléments qui ne sont pas sur vos affiches.

C'est
la GUIGNOLÉE
des élèves
de l'école BEL AVENIR
APPORTEZ-NOUS VOS VIEUX JOUETS !
Où ? Au 3610, rue Gagnon, Gatineau
Quand ? Le 5 décembre de 13 h à 16 h
Quoi ? Des jouets (pas brisés)
Pour qui ? Pour les enfants démunis
DONNER,
ÇA FAIT TELLEMENT
DE BIEN !

SUPER EXPO
Nouvelle-France
Venez découvrir les origines françaises de notre société !
• École Bel Avenir (3610, rue Gagnon, à Gatineau)
• le 14 novembre
• de 15 h à 19 h
ENTRÉE LIBRE
Apprivoisez le passé
pour mieux vivre le présent.

Compare ton premier jet avec les affiches de cette page.

- Que garderas-tu ? Que modifieras-tu ?

Remplis ta *Fiche de récriture d'une affiche d'invitation* pour retenir ce que tu as appris.

Reprends ton travail.

Fais une nouvelle version de ton affiche.

- Consulte ta *Fiche de récriture d'une affiche d'invitation*.

Montre ton affiche améliorée à une ou à plusieurs personnes.

Apporte les dernières modifications à ton affiche.

Des conseils pour choisir la disposition des éléments sur ton affiche

Comment faire des essais de mise en page de ton affiche sans tout recommencer chaque fois ?

1. Écris chaque élément de ton affiche sur un carton. Choisis bien la couleur du carton, de même que la couleur et la grosseur des lettres.
2. Place les cartons de plusieurs façons sur le fond de ton affiche. Tu peux même changer le sens de l'affiche. Si nécessaire, refais des cartons en modifiant la grosseur ou la couleur des lettres.
3. Quand la disposition te satisfait, fixe tes cartons avec de la colle. Tu auras ainsi une maquette de ton affiche !

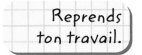

Termine ton travail.

Pour corriger le texte de ton affiche, pense à utiliser les outils de référence disponibles : dictionnaire, grammaire, etc.

Réalise la version finale de ton affiche. Ajoutes-y des éléments décoratifs.

Affiche ta production !

Évalue ton travail d'écriture.

Évalue ta démarche d'écriture.

Vérifie si tu as atteint le but avec ton affiche.

Fais le point sur l'utilité de...
– consulter les outils de référence disponibles pour corriger son texte;
– vérifier si on a atteint son objectif d'écriture.

Garde des traces des étapes de ton travail. Avant d'écrire ta prochaine affiche d'invitation, pense à les consulter !

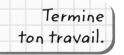

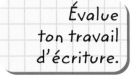

Cette fois,
la Bête entraîna Annabel
jusqu'à son château
perché au sommet du cap Enragé.
Ils avancèrent dans un immense couloir
percé de portes ouvragées.
La Bête ouvrit la dernière.

Comme tu le sais, dans les histoires, il y a des personnages qui vivent toutes sortes de problèmes. Mais ce n'est pas tout ! Ces histoires se déroulent quelque part. Où ? Ça dépend. Pour y voir plus clair, glisse-toi dans quelques univers…

Tiré de Dominique Demers, *Annabel et la Bête*,
Les éditions Héritage inc., 2002.

13 Des histoires à visiter

Comment fais-tu pour «entrer» dans les histoires ? Dans DES HISTOIRES À VISITER, tu t'intéresseras aux lieux où elles se déroulent. Au fil des chantiers, tu utiliseras ton imagination et tu donneras ton opinion. Tu apprendras aussi à lire des phrases longues et tu écriras une histoire.

Réagis à la carte d'exploration ci-dessous et **active** tes idées.

- Quelles questions te poses-tu au sujet des lieux dans les histoires ?

Les lieux dans les histoires

- Comment **les illustrer** ?
- Existent-ils **«pour vrai»** ?
- Qu'est-ce qui rend leur description **intéressante** ?
- Comment **les décrire** ? En peu de mots ou en détail ?

QU'Y A-T-IL DERRIÈRE CETTE PORTE ?

Planifie un projet pour apprendre à apprécier les lieux dans les histoires.

Réalise-le et **présente**-le.

PISTES ET IDÉES

- Écrire une histoire qui se déroule dans un lieu inventé.
- Inviter un illustrateur ou une illustratrice à parler de son métier.
- Organiser une exposition de livres dans lesquels les lieux sont particulièrement intéressants.

◀ Lisa Zador, «Porte ouverte au fond d'un couloir».

chantier 1

Au cinéma, à la télévision et dans les livres, les histoires se déroulent dans toutes sortes de lieux. Que peux-tu en dire ? Sont-ils toujours présentés à peu près de la même façon ? Pour le vérifier, **lis** les histoires suivantes.

Hurlovent

Il était une fois un petit homme qui s'appelait HURLOVENT.

Dès qu'il se faisait mal, IL CRI**AIT**.

Quand quelqu'un l'énervait, IL CRI**AIT**.

Quand il était content, IL CRI**AIT** AUSSI. [...]

Les gens qui habitaient dans la même maison que lui commencèrent à se plaindre.

— Personne ne peut supporter ça, dirent-ils. Hurlovent doit déménager !

Hurlovent s'installa donc tout seul dans une petite bicoque. Là, plus personne ne pouvait l'entendre. Quel plaisir de pouvoir CRI**ER** à sa guise !

Un jour, une voiture passa devant chez lui. Comme d'habitude, Hurlovent criait. En l'entendant, le chauffeur fut si effrayé qu'il termina sa route contre un arbre. La police arrêta alors Hurlovent et le jeta en prison.

À peine fut-il arrivé en prison qu'il se mit À CRI**ER!**

— Qui ose crier si fort ? demandèrent les autres prisonniers.

— C'est Hurlovent, répondit le gardien.

— Personne ne peut supporter ça, dirent-ils. Emmenez-le ailleurs !

On ne trouva qu'une solution, emmener Hurlovent à l'hôpital.

À peine fut-il arrivé à l'hôpital qu'il se mit À CRI**ER!**

— Qui ose donc crier si fort ? demandèrent les malades.

— C'est Hurlovent, répondirent les infirmières.

— Personne ne peut supporter ça, dirent les malades. Emmenez-le ailleurs !

Les pompiers avaient justement besoin d'une sirène. [...]

— Formidable ! déclara le maire, utilisons Hurlovent, il criera et nous économiserons une sirène.

Hurlovent se retrouva chez les pompiers. Chaque fois que ça brûlait quelque part, il s'installait dans leur camion et criait : PIN **PON**, PIN **PON**, PIN **PON !** C'était aussi efficace qu'une sirène.

Mais tout cela ne dura pas très longtemps...

Même quand ça ne brûlait pas, Hurlovent criait. Les gens, affolés, couraient dans tous les sens en demandant :

— Où est-ce que ça brûle encore ?

Les habitants de la ville eurent une autre idée :

— Nous avons besoin d'une nouvelle cloche pour l'église. Utilisons Hurlovent ! Il criera et nous économiserons une cloche.

Mais tout cela ne dura pas très longtemps...

Hurlovent criait même lorsque les cloches ne devaient pas sonner.

Une nuit, la ville se réveilla en sursaut.

— Au feu ! s'affolèrent les uns.

— C'est l'heure de la messe ! s'exclamèrent les autres.

Bientôt, ce fut la panique générale.

Alors, tous décidèrent d'emmener Hurlovent au bord de la mer, là où plus personne ne pourrait l'entendre.

Les mouettes aimèrent tout de suite Hurlovent parce qu'il savait crier comme elles. [...]

Anaïs Massini, *Hurlovent*,
Paris, De La Martinière Jeunesse, 2001.

Fais le tour de cette histoire.

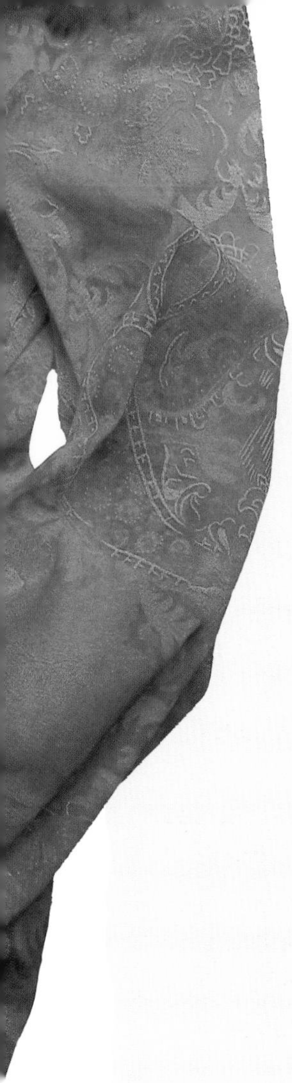

Tu utilises déjà des stratégies pour comprendre les phrases longues ou difficiles. Mets-les à l'épreuve pour expliquer les phrases soulignées ci-dessous.

L'univers de ma mère

J'aime aller dans la chambre de ma mère. J'y vais seulement quand elle s'absente de la maison. Bien que personne ne m'en ait défendu l'accès, j'ai alors l'impression d'entrer dans un domaine mystérieux et interdit. La plupart du temps les stores sont baissés, car ma mère aime se réfugier dans la pénombre sous prétexte qu'elle a mal à la tête. J'allume la lampe de chevet avec son abat-jour rose qui répand une lumière chaude et diffuse.

J'ouvre la porte du placard. J'enfouis mon visage dans les tissus soyeux, humant leur parfum un peu épicé. J'attrape une écharpe et je la laisse flotter en tournant sur moi-même. Je replace les souliers fins sur le parquet. Je fouille dans les sacs à main rangés sur une tablette. J'y trouve quelques pièces de monnaie, quelques colifichets oubliés.

Puis, j'entrouvre le tiroir où elle range ses cosmétiques. Des odeurs de poudre et de lotion, des odeurs de fleurs me montent au visage. Je m'assois en face de la coiffeuse sur le banc recouvert d'un coussin satiné; je me regarde dans le triple miroir où je me vois de face et de profil. J'ouvre un pot de crème onctueuse et j'y plonge le doigt: c'est gras et un peu écœurant. J'en étale un peu sur mes joues. Je caresse une bouteille de parfum aux rondeurs prometteuses. Je soulève le bouchon et j'approche l'orifice de mes narines: l'arôme est intense, enivrant; c'est l'odeur de ma mère, les soirs de sortie, quand elle s'habille de soie ou de velours et qu'elle vient m'embrasser dans mon lit avant de partir. C'est la senteur des rêves que je fais par la suite, des rêves remplis d'elle.

Quand je quitte la chambre après avoir tout remis en place, je marche comme sur un nuage. Je voudrais que ma mère soit là pour la serrer dans mes bras, pour me perdre dans sa douceur et ses parfums.

Même si je ne fais rien de mal, jamais je ne lui avouerais mes incursions secrètes dans sa chambre…

Tiré d'Henriette Major, *Moi, ma mère*,
Saint-Laurent, Éd. Pierre Tisseyre, 1997, p. 17-19.

Réfléchis aux lieux dont on parle dans les deux histoires.

- Où se déroule la première histoire ? la deuxième ?
- Compare les lieux des deux histoires et discute des différences que tu remarques : Combien y a-t-il de lieux ? Quels sont-ils ? Sont-ils décrits en détail ?

Note ce que tu retiens jusqu'à maintenant au sujet des lieux dans les histoires.

Chantier 2

Dans les histoires que tu lis, regardes et écoutes, les lieux existent-ils pour vrai ? Pour t'aider à répondre à cette question, **lis** les textes suivants.

Devant une phrase longue ou difficile, tu peux aussi essayer la stratégie «sélectionne l'essentiel».

- Demande-toi de qui ou de quoi il est question dans la phrase.
- Demande-toi ensuite ce qu'on en dit de plus important.

Observe comment cela permet d'expliquer le sens des phrases soulignées ci-dessous.

Le paradis

Ce n'est pas pour faire l'intéressant, mais je sais où se trouve le paradis !

Le paradis n'est pas dans les cieux.

Curieusement, le paradis n'est pas dans les cieux, comme le croient mes grands-parents. Il n'est pas non plus sur une autre planète, ni dans une autre vie.

En vérité, le paradis est sur la terre, à la campagne ! Il est à Iberville, au milieu des fleurs sauvages et des champs de maïs.

La plupart des gens passent sans le voir, parce que c'est un secret. C'est un pays d'oiseaux et de lumière où coule une rivière scintillante. La belle rivière Richelieu sur les rives de laquelle nous avons un petit chalet.

Dès que l'école se termine, le 21 juin, nous déménageons là-bas pour l'été. Il en est ainsi chaque année : c'est sacré ! [...]

Dans la ruelle, la voiture pétarade, écrasée sous les bagages. Mes amis viennent nous saluer et j'ai le cœur gros. Ils sont tous là. [...]

J'aimerais les emmener avec moi à Iberville, mais c'est impossible. L'auto est trop petite, le chalet aussi. Et puis ils ont leur vie, ici, dans notre quartier Villeray. [...]

Pour gagner le paradis, il faut d'abord traverser l'immense pont Jacques-Cartier qui enjambe le fleuve Saint-Laurent.

— Oh ! s'exclame ma mère. Montréal est beau, vu de haut !

Elle s'émerveille devant la forêt d'édifices, et moi je dis :

— Le ciel a le dos qui pique et les gratte-ciel le grattent.

Lucie me trouve drôle. Elle rit et je vois qu'il manque des dents à son sourire, ce qui la fait zézayer :

— Zanot ! Regarde les bateaux ! Ils zont zi beaux !

Tout en bas, au milieu du fleuve, des pétroliers fument. À quai, des cargos soufflent et se reposent. Les grues du port sont des géants de métal qui fouillent le ventre des navires. [...]

Après le pont, les maisons commencent à s'égrener. Les champs apparaissent et la route devient moins droite. On la sent plus paresseuse, moins pressée d'aboutir quelque part. À Chambly, elle se met à serpenter le long de la rivière qui brille.

Dehors, ça sent l'eau, la vache et la terre labourée.

— Nous zommes prezque rendus z'au zalet !

Lucie zozote encore et m'envoie des postillons au visage.

— Hé ! Lucie ! Arrête de pleuvoir sur moi !

On rit et mon cœur bat.

Et il bat encore plus fort quand on arrive.

La voiture quitte alors la route pour s'engager dans un chemin de gravillon. Soudain, le chalet apparaît entre les lilas !

Tiré de Sylvain Trudel, *Une saison au paradis*, Montréal, La courte échelle, 1999, p. 7-15 (coll. Premier Roman).

Dresse la liste des lieux nommés dans ce texte. Ensuite, **localise**-les sur une carte du Québec, puis **trace** l'itinéraire qu'empruntent Janot et sa famille pour se rendre au chalet familial.

Utopie

Annik et Marco, deux enfants, et Ferdinand Beauparleur, un spéléologue, explorent une caverne. Parvenus au fond de la grotte, les trois explorateurs empruntent un sentier et aboutissent devant un mur de verre étincelant comme un diamant. Derrière ce mur se trouve la ville d'Utopie.

•

Les explorateurs restent sans voix devant le spectacle qui se présente à leurs yeux. Cette ville ressemble à un mirage. Ils n'osent avancer de peur que ces formes et ces couleurs ne s'évanouissent.

Enfin, timidement, Marco fait un pas en avant. Il prend la main d'Annik et l'entraîne. Ferdinand leur emboîte le pas. Lentement, ils avancent vers ce pays des merveilles. Une large rue s'ouvre devant eux. Il s'y engagent en regardant de tous les côtés.

Les formes sont de toutes les couleurs.

Utopie ne ressemble à aucune ville qu'ils connaissent. Ni à New York, ni à Hong Kong et surtout pas à Montréal. Certains édifices ont la forme d'un œuf, d'autres, d'un trapèze ou d'un point d'interrogation. Les formes courbes ou anguleuses sont de toutes les couleurs : rouge, magenta, orangé, jaune canari, vert acidulé, bleu électrique et bien d'autres encore. Les rues sont bordées d'arbres chargés de fruits aussi colorés que les maisons.

— On peut dire qu'ils sont exotiques, ces fruits. Je n'en ai jamais vu de pareils. Ça me donne faim, dit Annik. [...]

Annik et Marco goûtent un fruit. M. Beauparleur se désaltère à une fontaine.

Annik se dit que dans une ville aussi merveilleuse, les fruits sont sûrement bons à manger. Elle en goûte un, Marco aussi, pendant que M. Beauparleur se désaltère à une fontaine dont la fraîcheur et le joli son cristallin l'enchantent. Puis tous les trois se reposent sur un banc à proximité de la fontaine. Ils croient rêver.

— Le banc est pourtant bien réel, dit Annik. Il semble en pierre. Et pourtant, quand je le touche, il est tiède et élastique…

— Ce fruit est bien réel, reprend Marco. Je le goûte. Il est juteux et savoureux. Mais il a un goût qui ne ressemble à rien que je connais.

— Parfois les rêves peuvent sembler très réels aussi. N'oubliez pas, dit Ferdinand, que le mot utopique signifie imaginaire.

— Oh ! on ne pourrait pas rêver tous les trois à la même chose en même temps, fait remarquer Marco.

Décidément, cette ville est très étrange.

Tiré d'Henriette Major, *La ville fabuleuse*, Saint-Lambert, Les éditions Héritage inc., 1982, p. 29-31.

Compare les lieux dans les deux textes : quelle grande différence remarques-tu ?

Fais des liens avec d'autres histoires.

- Lesquelles se déroulent dans des lieux réels ? dans des lieux imaginaires ?
- Quelle sorte de lieux (réels ou imaginaires) te semble la plus courante ? Explique pourquoi.

Donne ton opinion : quelles histoires préfères-tu ? Celles qui se déroulent dans des lieux réels ou les autres ? Pourquoi ?

créatividées

À la manière d'Henriette Major, invente un lieu de rêve. Décris-le en quelques lignes en donnant toutes sortes de précisions : formes, couleurs, odeurs, bruits, etc.

Comment les auteurs font-ils pour rendre les descriptions de lieux intéressantes ? Une de leurs techniques consiste à faire appel à plusieurs sens. **Lis** le texte ci-dessous pour découvrir quels sens utilise James pour explorer une pêche géante.

Utilise la stratégie « sélectionne l'essentiel » pour comprendre les phrases soulignées ci-dessous. Au besoin, combine cette stratégie avec d'autres qui t'aident à comprendre les phrases. PAGE 217

LA GROSSE PÊCHE

PARTIE 1

Au décès de ses parents, James fut recueilli par tante Éponge et tante Piquette, des êtres cruels et détestables. Un jour, une gigantesque pêche poussa dans le jardin des tantes. Elles se dirent qu'elles pourraient s'enrichir en permettant aux curieux et aux journalistes d'admirer l'énorme fruit.

Après avoir reçu des milliers de visiteurs, les tantes ordonnèrent à James d'aller nettoyer la cour. Il faisait nuit. James était seul. Il avait faim. Il avait peur. Tout à coup, il sentit que quelque chose allait lui arriver. Oui, mais quoi ?

Sachant à peine ce qu'il faisait, attiré par une sorte d'aimant invisible et impérieux, James Henry Trotter se mit à marcher à pas lents vers la pêche géante. Il enjamba la cloison et leva les yeux sur ses flancs gigantesques et bombés. Puis il étendit la main et la toucha avec précaution, du bout du doigt. La peau de la pêche était douce et chaude comme une précieuse fourrure, ou plutôt comme la peau d'un bébé souris. Il s'approcha plus près pour frotter sa joue contre cette peau veloutée. Et soudain il s'aperçut que, non loin de lui, près du sol, la pêche avait un trou.

C'était un trou assez important. Il pouvait être l'œuvre d'un animal de la taille d'un renard.

James se mit à genoux devant le trou. Il y introduisit d'abord la tête et les épaules.

Il y entra tout entier, en rampant.

Et il continua à ramper.

«C'est beaucoup plus qu'un trou, pensa-t-il, tout ému. C'est un véritable tunnel!»

Le tunnel était humide et sombre. Il y régnait une curieuse odeur douce-amère de fruit frais. Sous ses genoux, le sol était détrempé, les parois visqueuses et suintantes, du jus de pêche coulait du plafond. James ouvrit toute grande la bouche et tira la langue. Ce jus était délicieux.

À présent, il dut escalader une pente, comme si le tunnel conduisait au cœur même du fruit gigantesque. Toutes les deux secondes, James s'arrêtait pour manger un morceau de la paroi. La pêche était sucrée, juteuse et merveilleusement rafraîchissante.

Il fit encore plusieurs mètres en rampant lorsque soudain – bang ! – sa tête heurta quelque chose d'extrêmement dur qui lui barrait le chemin. Il leva les yeux sur une paroi solide qui, à première vue, semblait être de bois. Il avança une main. Au toucher, cela ressemblait bien à du bois, mais à du bois tout sinueux, tout craquelé.

«Juste ciel !» s'écria-t-il. «Je sais ce que c'est ! Je viens de me cogner au noyau de la pêche !»

Puis il aperçut une petite porte découpée à même le noyau. Il la poussa, toujours à quatre pattes. Et, avant même d'avoir eu le temps de lever les yeux pour voir où il était, il entendit une voix: «Voyez qui arrive !» puis une autre: «Il y a déjà un bon moment que nous t'attendons !»

James s'arrêta, le visage blême de terreur.

Il tenta de se relever, mais ses genoux tremblaient si fort qu'il dut aussitôt s'asseoir sur le sol. D'un bref regard en arrière, il chercha le tunnel pour s'y réfugier, mais la porte avait disparu. Seul le grand mur brun se dressait derrière lui.

Énumère les sens que James utilise pour explorer la grosse pêche.

Fais des prédictions sur la suite de l'histoire.

- D'après toi, quel genre de créature attend James dans le noyau de la pêche ? Pourquoi penses-tu cela ?

PARTIE 2

De ses grands yeux pleins de frayeur, James fit lentement le tour de la chambre.

Et cette chambre était pleine de monde. Et ces gens, ces... ces personnages dont quelques-uns trônaient sur des chaises, d'autres étaient allongés sur un sofa, ces personnages le regardaient de tous leurs yeux.

Des personnages ?

Ou des insectes ?

Un insecte, voyons, c'est généralement quelque chose de plutôt petit, n'est-ce pas ? Un grillon, par exemple, c'est bien un insecte.

Mais que dire d'un grillon des champs aussi grand qu'un chien ? Aussi grand qu'un gros chien. Peut-on appeler cela un insecte ?

Insecte ou non, un vieux grillon des champs était assis dans un fauteuil, juste en face du petit James.

Et à côté du vieux grillon des champs il y avait une énorme araignée.

Et à côté de l'araignée, une coccinelle géante portant neuf taches noires sur sa carapace rouge.

Tous trois installés dans des fauteuils somptueux.

Tandis que sur le sofa étaient vautrés deux autres «personnages» : un mille-pattes et un ver de terre.

Dans un coin, par terre, traînait un gros paquet blanc qui pouvait bien être un ver à soie. Mais ce dernier dormait profondément et personne ne s'occupait de lui.

Chacun de ces «personnages» était au moins aussi grand que le petit James et, sous l'étrange éclairage verdâtre venant d'un coin mal déterminé du plafond, ce petit monde offrait un spectacle absolument sinistre.

«J'ai faim», déclara soudain l'araignée en regardant fixement le petit James.

«Je meurs de faim», dit à son tour le vieux grillon des champs.

«Moi aussi, je meurs de faim !» s'écria la coccinelle.

Le mille-pattes se dressa sur son sofa. «Tout le monde a faim», constata-t-il. «Il faudrait manger !»

James vit quatre paires de gros yeux noirs et vitreux braqués sur lui.

Tiré de Roald Dahl, *James et la grosse pêche*,
traduit de l'anglais par Maxime Orange,
© Éd. Gallimard, 1966, p. 36-41.

Le connais-tu ?

Roald Dahl a vécu de 1916 à 1990. Il a toujours aimé l'aventure. Pendant la Seconde Guerre mondiale, il a été pilote. Il a d'ailleurs survécu à l'écrasement de son avion ! Après cet accident, Roald Dahl s'est mis à écrire. Son premier livre jeunesse est *James et la grosse pêche*.

Réfléchis à l'organisation de la description de la pêche.

- Par quoi l'auteur commence-t-il ? Avec quoi enchaîne-t-il ? Par quoi finit-il ?
- D'après toi, pourquoi l'auteur organise-t-il la description de cette manière ? Comment trouves-tu cela ?

Donne ton opinion sur le choix du lieu de cette histoire.

- Que penses-tu de l'idée de situer une histoire dans un fruit géant ?

créatividées

À la manière de Roald Dahl, invente un personnage qui explore un fruit ou un légume géant. Fais en sorte que ton personnage utilise ses sens pour l'explorer.

chantier 4

À quoi servent les descriptions de lieux dans les histoires ? Pour t'aider à répondre à la question, **lis** le texte ci-dessous.

Essaie la stratégie « sélectionne l'essentiel » sur trois phrases de ton choix dans le texte.

La nouvelle demeure des enfants Baudelaire

Violette, Klaus et Prunille Baudelaire avaient beau être bien élevés, charmants et intelligents, il ne leur arrivait que des malheurs ! Ils venaient de perdre leurs parents et leur maison dans un terrible incendie. M. Poe les hébergea quelques jours, puis les reconduisit chez le comte Olaf, un cousin éloigné des enfants.

•

— Nous y voilà ! annonça M. Poe d'un ton qui se voulait enjoué. Vous avez sous les yeux votre nouveau logis.

Les enfants Baudelaire regardèrent par la portière. Devant eux se dressait la plus jolie maison de la rue. La façade était pimpante et toutes sortes de plantes, éclatantes de santé, prenaient l'air devant les fenêtres grandes ouvertes. Debout à la porte, la main sur une poignée de cuivre bien astiquée, une dame d'un certain âge, élégamment vêtue, souriait à la vue des enfants. De sa main libre, elle tenait un pot de fleurs.

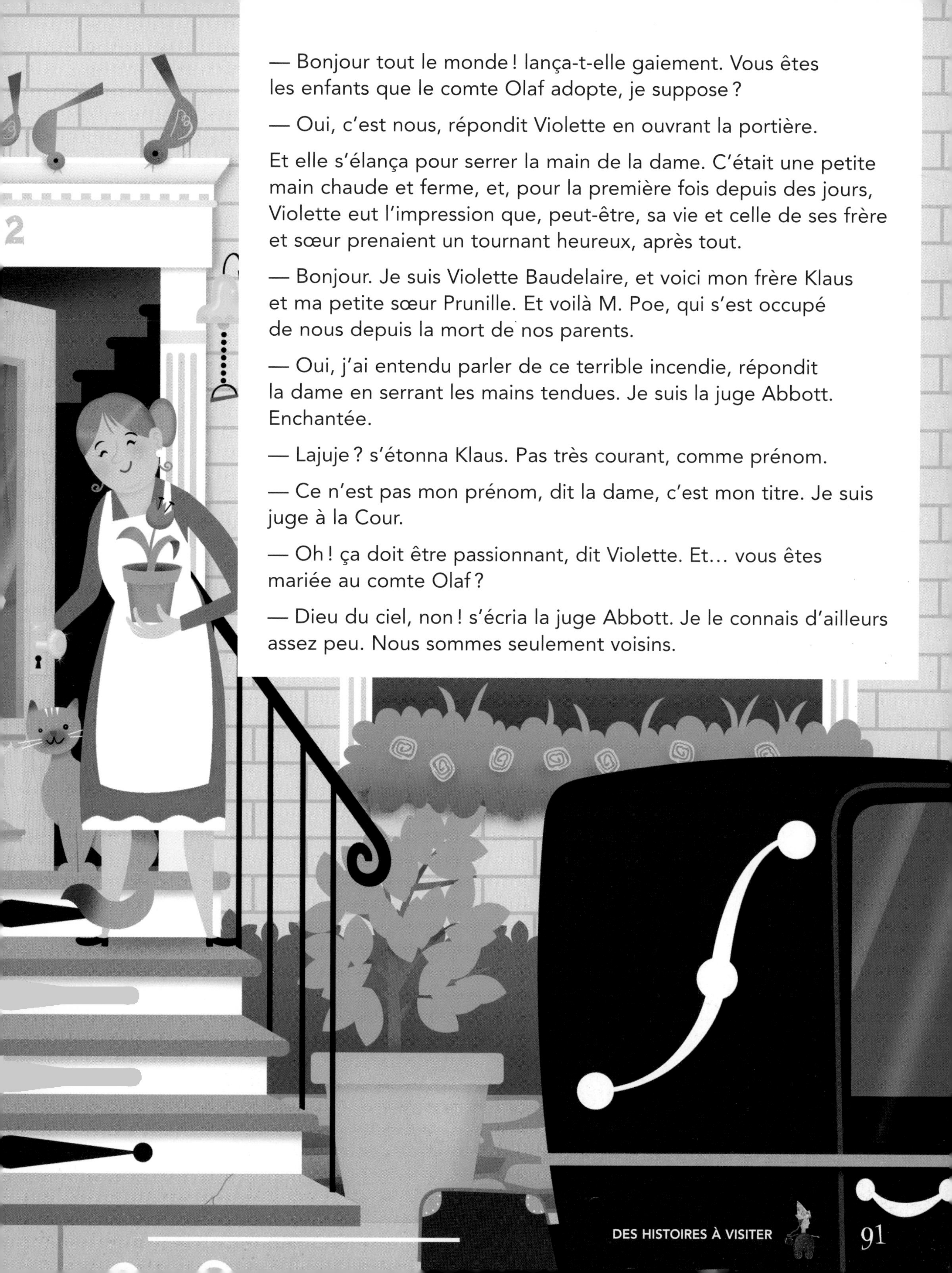

— Bonjour tout le monde ! lança-t-elle gaiement. Vous êtes les enfants que le comte Olaf adopte, je suppose ?

— Oui, c'est nous, répondit Violette en ouvrant la portière.

Et elle s'élança pour serrer la main de la dame. C'était une petite main chaude et ferme, et, pour la première fois depuis des jours, Violette eut l'impression que, peut-être, sa vie et celle de ses frère et sœur prenaient un tournant heureux, après tout.

— Bonjour. Je suis Violette Baudelaire, et voici mon frère Klaus et ma petite sœur Prunille. Et voilà M. Poe, qui s'est occupé de nous depuis la mort de nos parents.

— Oui, j'ai entendu parler de ce terrible incendie, répondit la dame en serrant les mains tendues. Je suis la juge Abbott. Enchantée.

— Lajuje ? s'étonna Klaus. Pas très courant, comme prénom.

— Ce n'est pas mon prénom, dit la dame, c'est mon titre. Je suis juge à la Cour.

— Oh ! ça doit être passionnant, dit Violette. Et… vous êtes mariée au comte Olaf ?

— Dieu du ciel, non ! s'écria la juge Abbott. Je le connais d'ailleurs assez peu. Nous sommes seulement voisins.

Les enfants détournèrent les yeux de la maison pimpante pour suivre le regard de la juge. La maison voisine était un bâtiment miteux, aux briques noires de crasse et de suie. Ses deux malheureuses fenêtres, étroites et tous rideaux tirés, n'avaient pas jugé bon de s'ouvrir au soleil printanier. Au-dessus d'elles s'élevait une tourelle un peu de guingois, avec une lucarne haut perchée. La porte d'entrée aurait eu besoin d'un coup de pinceau. Au beau milieu de celle-ci, dans son bois pelé, était gravé un œil saugrenu. Toute la bâtisse semblait de travers, comme une vieille dent déchaussée.

— Bouh ! fit Prunille.

Et chacun comprit ce qu'elle entendait par là. «Quelle abominable bicoque ! Aucune envie d'habiter là !»

Tiré de Lemony Snicket, *Nés sous une mauvaise étoile: Le funeste destin des Baudelaire*, vol. 1, Saint-Lambert, Les éditions Héritage inc., 2002, p. 14-15.

Fais le point sur...
– la stratégie «sélectionne l'essentiel» pour comprendre les phrases;
– la nécessité de connaître et d'utiliser plusieurs stratégies pour s'expliquer les phrases longues ou difficiles.

Récapitule l'essentiel de cet extrait.

Donne ton opinion sur les deux descriptions de maisons.

- Qu'est-ce qui les rend intéressantes ?
- Qu'arriverait-il à l'histoire si on supprimait ces descriptions ?

Fais des liens entre des éléments de l'histoire.

- Quelles ressemblances y a-t-il entre la maison de la juge et la juge elle-même ?
- À partir de la description de sa maison, imagine le comte Olaf.

Fais des prédictions sur la suite de l'histoire : d'après toi, comment les enfants seront-ils logés, nourris et traités chez le comte ? Pourquoi ?

chantier 5

Sur quoi les illustrateurs se basent-ils pour décider des illustrations à faire autour d'une histoire ? Pour en avoir une petite idée, **lis** le texte suivant en prêtant attention aux passages qui te font voir dans ta tête les personnages, les objets et les lieux.

AU ROYAUME DES SUCRERIES

Pour Noël, Clara reçoit un vrai de vrai Casse-Noisette. Cette nuit-là, incapable de fermer l'œil, elle descend au salon et berce Casse-Noisette sur son cœur. Soudain, à minuit, tout change et devient étrange. Dans l'arbre de Noël, les anges se transforment en énormes souris affamées. Elles grignotent tout : cannes en bonbon, pommes de sucre candi. Même les petits soldats de bois !

Grâce à Clara, Casse-Noisette retrouve son épée magique et prend vie. Aidé des soldats de bois, il réussit à vaincre les souris. Les vaincues doivent conduire Casse-Noisette, Clara et les soldats au Royaume des sucreries.

Assis sur le dos des souris qui sourient, ils sont déjà prêts pour le grand voyage… Derrière le sapin, sous le lourd rideau de velours, se cache l'entrée secrète du Royaume des sucreries.

En catimini, à pas tout petits, nos amis s'enfoncent dans le labyrinthe de tunnels obscurs. Et trottent, trottent les souris, derrière les murs et sous les planchers. Où cela va-t-il mener Clara, son prince et les courageux soldats ? Et trottent, trottent les souris, dans les sentiers secrets des galeries. Vont-ils enfin arriver ?

Les voici devant un immense pont-levis. Au petit trot ou au grand galop, ils franchissent le lac Kiwi en riant aux éclats.

De l'autre côté les attendent les cannes en bonbon, les bonshommes de pain d'épice et les fleurs de sucre d'orge. De l'autre côté coulent des rivières de miel, poussent des forêts de nougat et brillent des soleils de chocolat.

Casse-Noisette et Clara s'amusent à glisser sur la rivière sucrée... Les bateaux en melon d'eau, c'est fait pour ça !

Que se passe-t-il ?

On prépare la fête au Royaume des sucreries ! Une fête comme Clara n'en a jamais vu...

Les pâtissiers dansent le cha-cha-cha, les confiseurs jouent la valse des poires au chocolat, les boulangers ronflent sur la plage de sucre praliné.

Clara retient son souffle... et entre dans l'étrange farandole !

Et tournent, tournent les murs et les plafonds : c'est la danse des bonbons ! Il pleut des dragées, les glaces poussent à volonté, on récolte le nougat...

C'est la fête au pays magique !

Tiré de Lucie Papineau et Stéphane Jorish, *Casse-Noisette*, Saint-Lambert, Dominique et compagnie, 2001.

Deviens illustrateur ou illustratrice d'un jour !

- Repère le passage du texte que tu vois le mieux dans ta tête, puis dessine-le.
- Quand tu as terminé, présente ton dessin à la classe. Dis quels éléments du texte se retrouvent dans ton dessin.

Feuillette quelques albums et **donne ton opinion** sur les illustrations.

Chantier d'écriture

Une histoire inventée (2)

Tu as des idées plein la tête ? **Écris** une histoire et partage-la avec tes lecteurs.

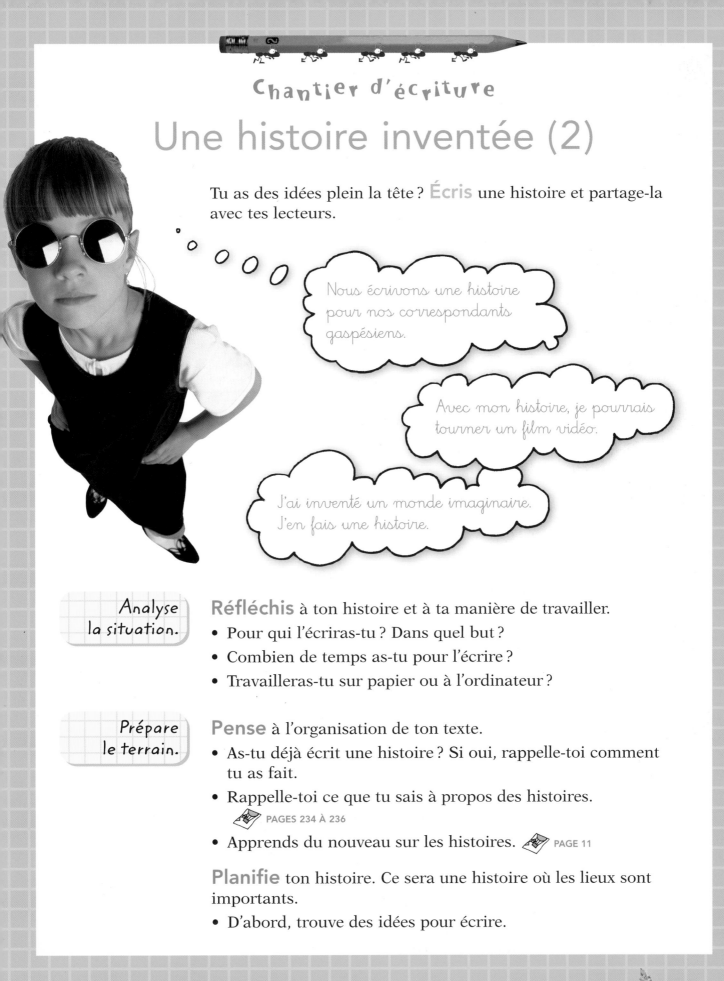

Nous écrivons une histoire pour nos correspondants gaspésiens.
Avec mon histoire, je pourrais tourner un film vidéo.
J'ai inventé un monde imaginaire. J'en fais une histoire.

Analyse la situation.

Réfléchis à ton histoire et à ta manière de travailler.

- Pour qui l'écriras-tu ? Dans quel but ?
- Combien de temps as-tu pour l'écrire ?
- Travailleras-tu sur papier ou à l'ordinateur ?

Prépare le terrain.

Pense à l'organisation de ton texte.

- As-tu déjà écrit une histoire ? Si oui, rappelle-toi comment tu as fait.
- Rappelle-toi ce que tu sais à propos des histoires. PAGES 234 À 236
- Apprends du nouveau sur les histoires. PAGE 11

Planifie ton histoire. Ce sera une histoire où les lieux sont importants.

- D'abord, trouve des idées pour écrire.

TEMPÊTE D'IDÉES

En grand groupe, faites une tempête d'idées autour du thème des lieux.

PAGE 279

- Énumérez toutes sortes de lieux réels ou imaginaires, fermés ou ouverts, petits ou grands, etc. Énumérez aussi le plus de mots possible pour décrire ces lieux.
- Classez ensuite les mots obtenus en différentes catégories.
- Utilisez ces idées pour planifier et écrire votre histoire.

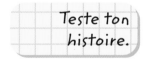

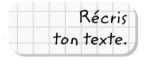

IL Y A
UNE TEMPÊTE
DANS MA TÊTE !
IDÉE IDÉE IDÉE IDÉE

- Remplis ensuite la fiche *Le tour de mon histoire*.

Écris ton premier jet.

Tiens compte des contraintes suivantes.

- Tu écris une histoire imaginaire (elle n'est pas arrivée pour vrai).
- Fais comme si le héros ou l'héroïne de ton histoire, c'était toi. Ton texte sera donc écrit au «je».
- Écris ton texte au passé, comme si l'histoire était terminée. Tu utiliseras le passé composé et l'imparfait.

Écris ton histoire comme tu penses qu'elle doit être.

- En cours de route, consulte ta fiche *Le tour de mon histoire* et relis ce que tu as écrit pour enchaîner la suite.

Teste ton histoire.

Fais lire ton premier jet à une ou à plusieurs personnes.

- Demande-leur si, à leur avis, tu as su tenir compte des contraintes imposées ci-dessus.
- Écoute leurs commentaires et tiens compte des meilleurs.

Récris ton texte.

Réfléchis à des modifications possibles. PAGES 234 À 236

Vois si quelques passages gagneraient à être reformulés.

Idées pour reformuler certains passages

- **Précise les descriptions.**
  Par exemple, au lieu d'écrire seulement ceci :
  J'ai aperçu une maison.
  pense à enrichir tes phrases. PAGES 244 À 245
  Au loin, j'ai aperçu avec bonheur une coquette maison toute décorée de guirlandes dorées.
- **Fais parler tes personnages.** PAGE 236

Fais lire ton histoire améliorée à une ou à plusieurs personnes. Apporte-lui les dernières modifications.

Termine ton texte.

Corrige ton texte à l'aide de ta *Fiche de correction*.
- Utilise les outils de référence disponibles.

Transcris ton histoire au propre ou **imprime**-la.

Ajoutes-y des illustrations.

Diffuse ton histoire, mais gardes-en une copie.

Évalue ton travail d'écriture.

Évalue ta démarche d'écriture.

Demande-toi si tu as atteint ton but avec ce texte.

Fais le point sur l'utilité de repérer des passages qui gagneraient à être reformulés.

Garde des traces des étapes de ton travail. Avant d'écrire ta prochaine histoire, pense à les consulter !

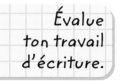

Il y a toutes sortes de machines : des grosses, des modernes, des compliquées... Mais il y a aussi des machines simples, tellement simples qu'on ne dirait pas des machines... En fait, ce sont de véritables trésors d'ingéniosité qu'on utilise depuis des siècles !

14 Épatantes machines simples

Si les pyramides, les châteaux forts et les gratte-ciel existent, c'est beaucoup grâce aux machines simples. Lesquelles ? ÉPATANTES MACHINES SIMPLES te les fera découvrir. Au fil des chantiers, tu auras à résoudre des problèmes et à utiliser des méthodes de travail efficaces. De plus, tu travailleras les mots substituts et tu écriras une lettre de demande.

Réagis à la carte d'exploration ci-dessous et **active** tes idées.

- Quelles questions te poses-tu sur les machines simples ?

Les machines simples

Dans l'Antiquité
- Leur invention : levier, roue, poulie, plan incliné (vis, coin)
- Pour construire des pyramides

Au Moyen Âge
- Pour construire des châteaux forts

Aujourd'hui
- Dans la grue

SIMPLICITÉ RIME AVEC EFFICACITÉ !

Planifie un projet pour relever un défi et te familiariser avec l'utilisation des machines simples.

Réalise-le et **présente**-le.

PISTES ET IDÉES

- Construire un mécanisme (ascenseur, remonte-pente, grue, etc.) qui fonctionne avec des poulies.
- Présenter un grand inventeur comme Archimède.
- Faire une recherche sur une grande construction comme un gratte-ciel.

Chantier 1

Quelle place occupent les machines dans ta vie ? Pour t’aider à y réfléchir, **lis** l’histoire ci-dessous.

Tu utilises déjà une stratégie pour comprendre les mots substituts. Mets-la à l’épreuve pour dire ce que remplacent les mots substituts soulignés dans la partie 1 du texte.

LES MACHINES DE MONSIEUR ALBERT

PARTIE 1

Dans la vie, les gens ont tous des petits et même des gros **soucis**. Comme un repas brûlé. Ils ont aussi des **problèmes**… comme le manque de sous, des **tracas**… comme un enfant qui ne rentre pas et que l’on attend, et des **difficultés**. Comme un tracteur qui va de travers.

Comme un bâton de sucette qui se casse.

Comme une inondation.

Comme une déception amoureuse.

Certains ont des solutions à tous ces embarras. D’autres ont recours à **Monsieur Albert**. Dans son vieux hangar, Monsieur Albert invente et construit toutes sortes de **machines**.

Monsieur Albert a déjà résolu des tas de problèmes. C’est lui qui a inventé pour le jardinier la machine-arrosoir qui n’écrase pas les fleurs, ou la machine-à-tartines pour les personnes âgées, la machine-qui-recolle-la-vaisselle-cassée et pour les enfants pressés, la machine-à-faire-les-lits !

Bientôt, plus personne ne peut se passer des machines de Monsieur Albert.

Les chevaliers peureux viennent le voir pour des machines-à-sauver-les-princesses. Les voleurs demandent des machines qui ouvrent toutes les portes… et d'autres demandent des machines pour se protéger des voleurs. Des machines surveillantes d'enfants. Des machines pour promener son chien. Des machines pour se croire en vacances.

Les mamans trouvent pratique d'avoir des machines-à-câlins ou à-histoires. Les enfants utilisent des machines qui rendent visite aux vieilles tantes. Les maîtresses envoient des machines faire la classe… Alors les enfants envoient des machines-élèves.

Des machines viennent chercher des machines à la sortie de l'école. Des machines servent la soupe. Des machines donnent le bain. Des machines couchent et bercent les petits.

Pendant que les machines travaillent… les gens n'ont plus rien à faire, ni à penser. Plus de **soucis**. Plus de **tracas**. Plus de **difficultés**.

Peu à peu, Monsieur Albert regrette les conseils du jardinier. Prendre le thé chez sa voisine n'est plus aussi plaisant. La conversation avec sa cousine devient lassante. Il aimait bien regarder les enfants jouer ou fumer une pipe avec son vieil ami. Monsieur Albert s'en veut d'avoir construit toutes ces machines.

Donne ton opinion sur le début de l'histoire.

- Que trouves-tu d'amusant ou de surprenant dans cette histoire ?
- Laquelle des machines de Monsieur Albert te semble la plus pratique ? Pourquoi ?

Fais des prédictions sur la suite de l'histoire.

- Qu'est-ce qui pourrait bouleverser ce monde *sans soucis, sans tracas, sans difficultés* ?

Concentre-toi sur une première difficulté concernant les mots substituts : parfois, il y a plusieurs phrases entre le mot substitut et ce qu'il remplace.
Dis ce que remplacent les trois substituts soulignés ci-dessous et explique comment tu as fait pour le savoir.

PARTIE 2

Or, un jour, un enfant se met à sangloter… à **pleurer**… à **crier**… à **hurler**. Sa maman lui envoie la machine-à-câlins, mais l'enfant pleure de plus belle.

On dépêche auprès de lui toutes les machines possibles. La machine-à-bonbons, la machine-à-lolo, la machine-à-cadeaux, la machine-à-histoires, la machine-clown, la machine-pouêt-pouêt, la machine-à-guili-guili, la machine-à-musique, la machine-à-oiseaux. **Aucune ne console l'enfant**.

Les gens, alarmés, courent chez Monsieur Albert pour y trouver la **solution**. Mais Monsieur Albert a bien retenu la leçon. Ce tracas-là ne sera pas réglé avec ses machines. Monsieur Albert refuse fermement de les aider.

Sans les machines de Monsieur Albert, tout le monde s'affole… et pendant ce temps, l'enfant pleure toujours.

Tandis qu'ils essaient de trouver une solution (ils en ont perdu l'habitude)… une très vieille grand-mère (qui n'a jamais rien compris aux machines) prend l'enfant dans ses bras… **et l'enfant s'arrête de pleurer**.

Ils avaient tous oublié qu'avec un **baiser**, on peut faire sourire un enfant… qu'en jouant avec lui, on peut le faire **rire**… et qu'en lui racontant des **histoires**, on peut le faire rêver.

C'est ainsi qu'un beau matin, Monsieur Albert trouve devant sa porte un tas de machines dont plus personne ne veut se **servir**.

Monsieur Albert ne quitte plus son atelier. Il travaille jour et nuit… pendant que chacun retrouve ses habitudes. Les enfants apprennent à faire leur lit. Les mamans viennent chercher leurs enfants à la sortie de l'école, et le jardinier prend plaisir à arroser ses salades.

Un jour, Monsieur Albert installe, sur la grand-place, **la plus fantastique des machines**… une machine interdite aux grands… juste pour amuser les enfants !

Nathalie Choux, *Les machines de Monsieur Albert*, Paris, Mango Jeunesse, 1999.

Fais le tour de cette histoire.

Explique le message que tu retiens de cette histoire.

Fais des liens avec la science et la technologie.

- Quels genres de vraies machines connais-tu ? À quoi servent-elles ? Ont-elles un moteur ?

créatividées

À la manière de l'auteure Nathalie Choux, amuse-toi à inventer quelques machines farfelues qui faciliteraient la vie des humains ou des animaux.

chantier 2

Une machine simple, qu'est-ce que c'est ? À quoi ça sert ? Où y en a-t-il de nos jours ? Pour trouver des réponses à toutes ces questions, **lis** le texte ci-dessous.

Concentre-toi sur une deuxième difficulté concernant les mots substituts : parfois, il y a plus d'un mot substitut dans une même phrase.
Dis ce que remplacent les trois substituts soulignés dans le texte et explique comment tu as fait pour le savoir.

DES MACHINES QUI AUGMENTENT LA FORCE

Il y a longtemps, les personnes et les animaux soulevaient ou déplaçaient les gros objets avec la seule force de leurs muscles. Mais la force musculaire a ses limites. Pour augmenter leur puissance, les humains de l'Antiquité ont fait preuve d'ingéniosité en inventant des machines simples, c'est-à-dire des mécanismes qui augmentent la force musculaire. Le levier, la roue, le plan incliné et la poulie sont des machines simples.

LE LEVIER

Le levier est une barre qui sert à soulever des objets. Les hommes des cavernes utilisaient une grosse branche pour sortir les pierres du sol. Cette branche, c'était un levier. Plus tard, ils ont compris que leurs leviers seraient plus efficaces s'ils glissaient une pierre ou un morceau de bois sous la barre. Plusieurs des instruments d'aujourd'hui, comme les ciseaux, la brouette, le décapsuleur, le râteau et le casse-noix, sont des leviers.

LA ROUE

Avant l'invention de la roue, on transportait les lourdes charges en les tirant ou en les poussant sur le sol. Puis les hommes préhistoriques ont eu l'idée de faire rouler les charges sur des troncs d'arbres, qui agissaient comme des rouleaux. Par la suite, ils ont coupé des tranches de ces rouleaux pour obtenir des disques qui rouleraient plus facilement; après, ils ont joint deux roues sur un axe pour faire une charrette. Il est alors devenu plus facile de déplacer de lourdes charges.

La roue est certainement l'une des plus importantes inventions de tous les temps, car elle a révolutionné les moyens de transport.

LE PLAN INCLINÉ

Le plan incliné est tout simplement une pente. Tu sais déjà qu'on met moins d'effort pour monter une pente douce qu'une pente raide. En effet, plus le plan incliné est long, et plus le gain de force est important. Les escaliers, les rampes et les glissades sont des plans inclinés.

La vis utilise le principe du plan incliné. La partie saillante de sa tige est en pente et tourne en spirale.

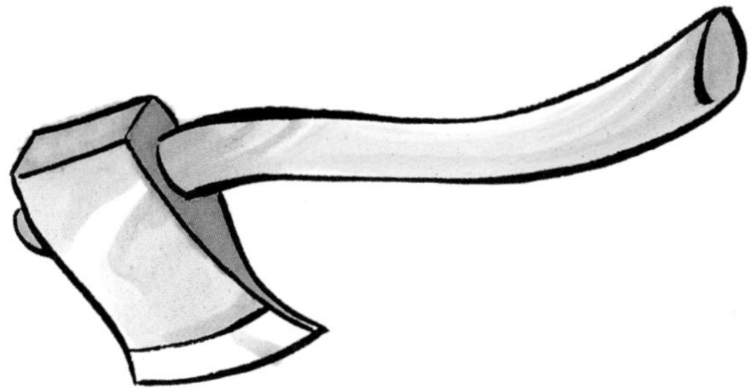

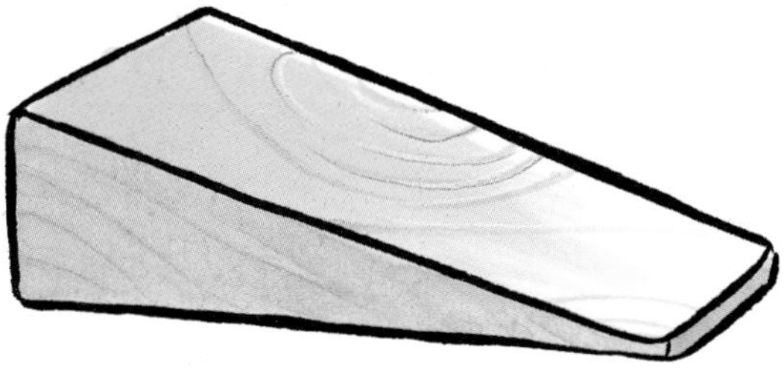

Le coin est un autre type de plan incliné. Il s'agit d'un simple morceau de bois ou de métal plus épais à une de ses extrémités qu'à l'autre. Cette forme lui permet de s'enfoncer plus facilement. La tête de la hache est un coin en métal.

LA POULIE

La poulie est une machine faite d'une ou de plusieurs roues autour desquelles passe une corde. Les poulies permettent de hisser les objets avec un minimum d'effort. L'idée de la poulie est probablement venue lorsque quelqu'un a pensé à passer une corde par-dessus une branche pour lever une lourde charge. On s'est aperçu alors qu'il était plus facile de soulever la charge en se suspendant à l'autre bout de la corde. Beaucoup d'objets, comme les stores, les grues et les ascenseurs, fonctionnent à l'aide de poulies.

Les machines simples comme le levier, la roue, le plan incliné et la poulie représentent un atout majeur : elles augmentent la force déployée pour soulever ou déplacer de très lourdes charges. Ces machines ont permis la réalisation de très grandes constructions. Aujourd'hui encore, toutes les machines, aussi compliquées soient-elles, contiennent une ou plusieurs des machines simples inventées il y a des milliers d'années.

Montre ta compréhension du texte.

- Dis dans tes mots ce qu'est une machine simple.
- Dans un tableau, décris les machines simples présentées dans le texte, puis associe chacune d'elles à un objet de la vie courante.
- Illustre par un exemple tiré du texte le fait qu'une invention, c'est parfois la solution à un problème.

chantier 3

Le plan incliné a été particulièrement utile lors de la construction des pyramides. Pour comprendre son fonctionnement, **lis** le texte, puis **fais** le *Laboratoire* ci-dessous.

Concentre-toi sur une troisième difficulté concernant les mots substituts : parfois, un mot substitut remplace toute une phrase ou une partie de texte.
Dis ce que remplacent les trois substituts soulignés dans le texte et explique comment tu as fait pour le savoir.

LA PYRAMIDE DE KHÉOPS,
UNE MERVEILLE DE CONSTRUCTION

Construire une impressionnante pyramide avec très peu de moyens ? Les Égyptiens l'ont réussi il y a 4500 ans !

La pyramide de Khéops, la plus grande au monde, a été érigée à Gizeh, sur une rive du Nil, le plus important fleuve d'Égypte. Le pays était alors dirigé par des rois appelés pharaons. Khéops était un de ces rois. La pyramide de Khéops est le tombeau qu'il s'est fait construire à une époque où la grue n'était pas encore inventée.

Le savais-tu ?

Il a fallu 2,3 millions de blocs de pierre pour construire la pyramide de Khéops. Chacun de ces blocs pesant 2 tonnes et demie, la pyramide au complet pèse près de 6 millions de tonnes ! Sa construction achevée, la grande pyramide mesurait 147 mètres de haut. Aujourd'hui, à cause de l'érosion, elle ne mesure plus que 138 mètres, ce qui est tout de même plus haut qu'un édifice de 50 étages !

DES COINS POUR OBTENIR DES BLOCS DE PIERRE

Les blocs de calcaire qui composent la pyramide ont été taillés à même la carrière avoisinant le site. Pour détacher les blocs, les ouvriers enfonçaient des coins en bois dans les fissures de la pierre. Une fois mouillé, le bois des coins gonflait ce qui, après un certain temps, faisait fendre la pierre. Cela est ingénieux, n'est-ce pas ? Les blocs étaient ensuite taillés pour obtenir des angles droits. Et pour transporter ces blocs jusqu'au site, on les plaçait sur des traîneaux qu'on faisait glisser sur des troncs d'arbres pour réduire la friction avec le sol.

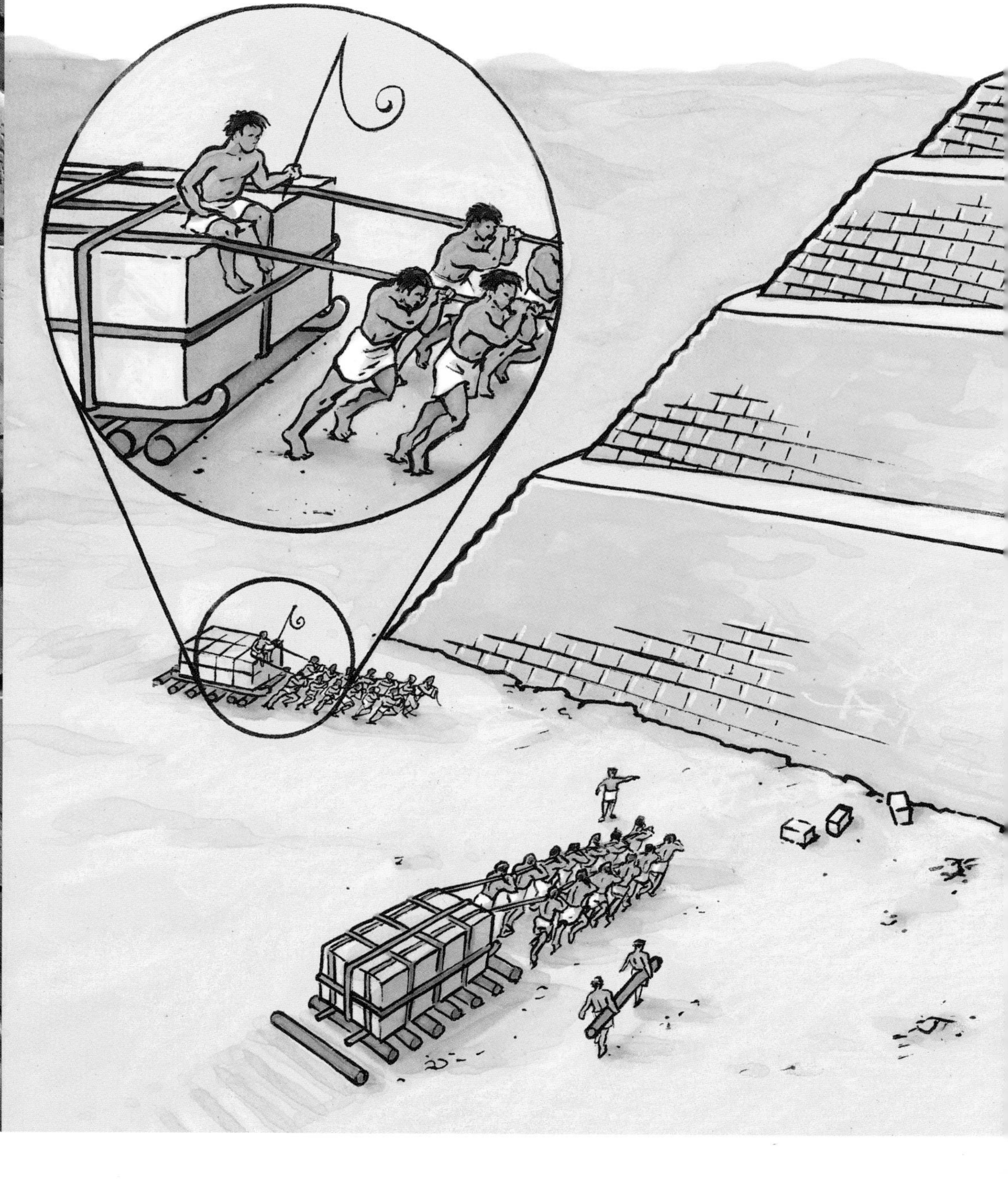

DES RAMPES POUR MONTER LES BLOCS DE PIERRE

Pour construire la pyramide, il fallait ensuite hisser ces lourds blocs de calcaire à la hauteur voulue. Ingénieux, les Égyptiens de l'époque ont réussi à contourner cette difficulté. Des vestiges trouvés près de quelques pyramides inachevées laissent voir que les Égyptiens utilisaient une longue rampe. Ce plan incliné a permis de hisser les blocs de pierre à plus de 100 mètres de hauteur ! Au fur et à mesure que la pyramide s'élevait, la pente était remontée et allongée. À l'aide de traîneaux, les ouvriers tiraient les blocs le long de la rampe qui pouvait mesurer des centaines de mètres de longueur.

Réagis au texte : dis ce qui t'étonne le plus à propos de la construction des pyramides.

Récapitule l'essentiel du texte : note les deux grandes utilités du plan incliné dans la construction de la pyramide.

Laboratoire

L'efficacité du plan incliné

Comme les Égyptiens de l'Antiquité, découvre l'efficacité du plan incliné.

À ton avis, quelle pente exige le moins de force pour monter une charge ? Reproduis le montage ci-dessous pour le démontrer.

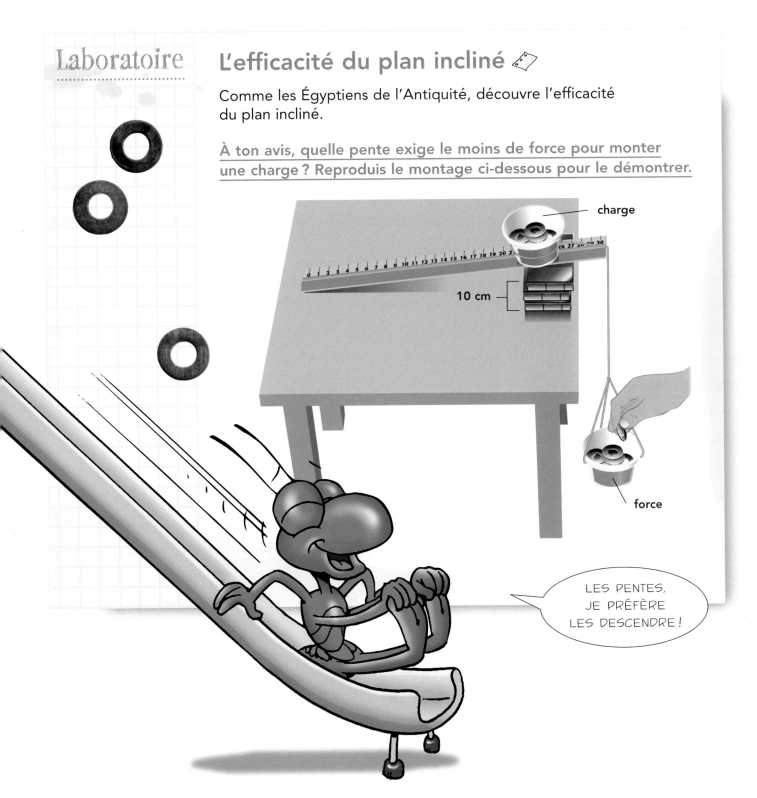

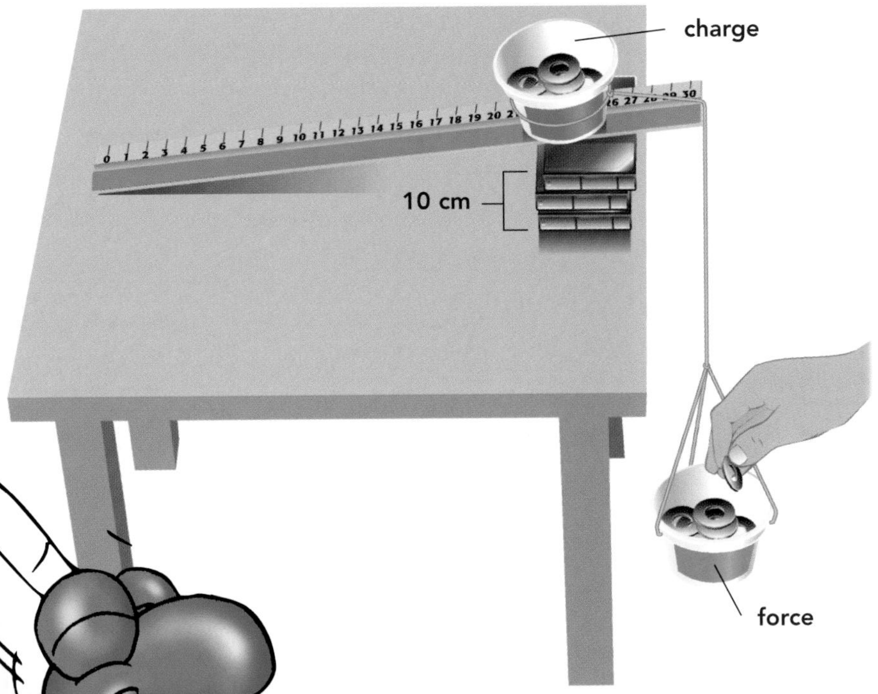

Dis ce que le *Laboratoire* t'a appris sur les plans inclinés.

Fais des liens avec la vie de tous les jours : dis où tu as déjà vu des plans inclinés.

Réfléchis à tes manières d'apprendre.

- Dans ce chantier, qu'est-ce qui t'a le plus appris ? Le texte ou le *Laboratoire* ?

Chantier 4

Que sais-tu des châteaux forts ? Partage tes connaissances. Pour apprendre du nouveau à leur sujet, **lis** le texte suivant, puis **fais** le *Laboratoire*.

Fais le plus de liens possible entre les phrases : au fil de ta lecture, trouve ce que remplace chaque substitut souligné dans le texte.

LA CONSTRUCTION DES CHÂTEAUX FORTS AU MOYEN ÂGE

Le Moyen Âge est la période de l'histoire qui s'étend du 5e siècle à la fin du 15e. C'est une époque de grandes constructions : on érige alors plusieurs églises, palais, moulins et ponts. C'est aussi une période où il y a beaucoup de guerres. Pour protéger son domaine, chaque seigneur se fait construire un château fort. Souvent, il est érigé sur une colline pour qu'on puisse voir venir les ennemis de loin. En plus d'être la demeure du seigneur, c'est là que se réfugient les habitants du domaine en temps de guerre.

Plan

Le plan de base du château est simple : des murailles qui forment un quadrilatère avec une tour ronde à chacun des angles. Beaucoup de châteaux ont plus de quatre tours. La plus haute, c'est le donjon, dernier refuge en cas d'invasion. Les appartements du seigneur sont dans une des autres tours. L'ensemble englobe une grande cour intérieure où se trouvent les logements pour la garnison, les granges, les écuries, les cuisines, etc.

Construction

Au Moyen Âge, il n'y a pas de moteurs ni de machines complexes. Pour construire, les ouvriers utilisent seulement leur force musculaire et quelques machines simples. Sur les grands chantiers, on voit des grues qui montent des matériaux. Elles sont rudimentaires : construites en bois, elles fonctionnent sans moteur à l'aide de treuils, de poulies et de leviers.
Pour soulever les lourdes charges, on utilise le palan et la roue d'écureuil. Cette dernière a été inventée par les Romains au 5e siècle. Un homme placé à l'intérieur la fait tourner en marchant d'un barreau à l'autre. Cela entraîne une corde qui hisse la charge.

La **roue d'écureuil** simple. Il en existait aussi des doubles, actionnées par deux hommes.

Main-d'œuvre

Plusieurs ouvriers spécialisés comme les tailleurs de pierres, les charpentiers et le forgeron sont indispensables à la construction du château. Il faut aussi plusieurs ouvriers non spécialisés pour porter l'eau, charger les chariots, pousser les brouettes, marcher dans la roue d'écureuil, etc. Cette main-d'œuvre à tout faire est recrutée parmi les paysans qui habitent sur le domaine du seigneur, à qui ils doivent un certain nombre de jours de travail par mois. Sur le chantier, tous les ouvriers sont sous la direction d'un maître d'œuvre qu'on appelle aujourd'hui architecte.

Le palan est un autre type de grue utilisée au Moyen Âge. Il fonctionne avec un treuil que des hommes tournent pour soulever de lourdes charges.

Après le Moyen Âge, les grands seigneurs continuent de construire des châteaux spacieux, mais ces derniers n'ont plus de rôle militaire. Près de 20 000 châteaux et sites fortifiés sont encore visibles en Europe !

Laboratoire

Le fonctionnement du levier

Certains outils utilisés dans la construction des châteaux forts (ciseau à tailler la pierre, hache, marteau) sont en quelque sorte des leviers.

Archimède a expliqué le fonctionnement du levier il y a 2600 ans. «Donnez-moi un point d'appui et je soulèverai la Terre», aurait-il dit. À ton tour, découvre le fonctionnement du levier à partir de montages miniatures.

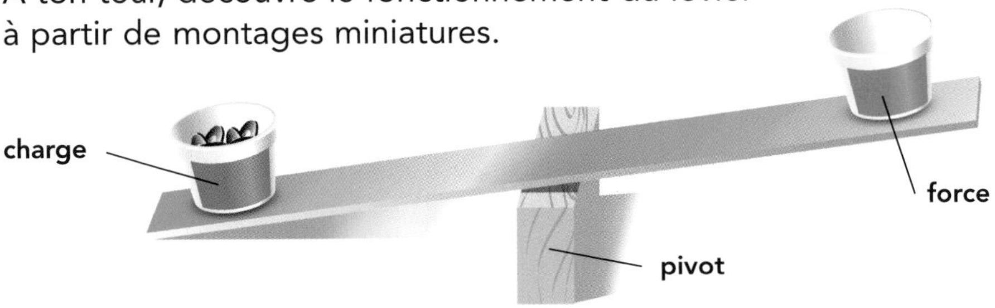

Pour décrire un levier, tu dois observer:
- le point où se trouve **la charge**;
- le point où on applique **la force;**
- **le pivot**, qui est en quelque sorte un point d'appui.

Pour soulever la charge le plus facilement possible (avec le moins de rondelles), où doit-on placer le pivot?

Près de la charge?

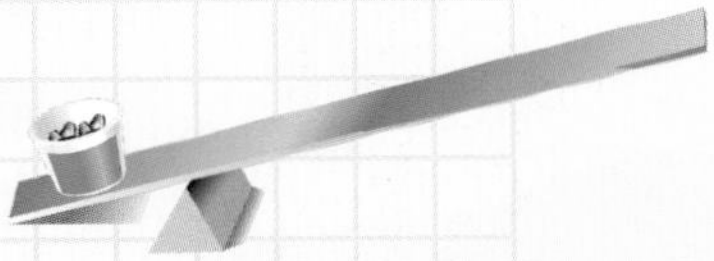

Au centre de la barre?

Loin de la charge?

Réagis au texte: dis ce que tu trouves le plus étonnant à propos des châteaux forts.

Repère les machines simples sur l'illustration des pages 112 et 113.

Montre que tu as compris le fonctionnement du levier.

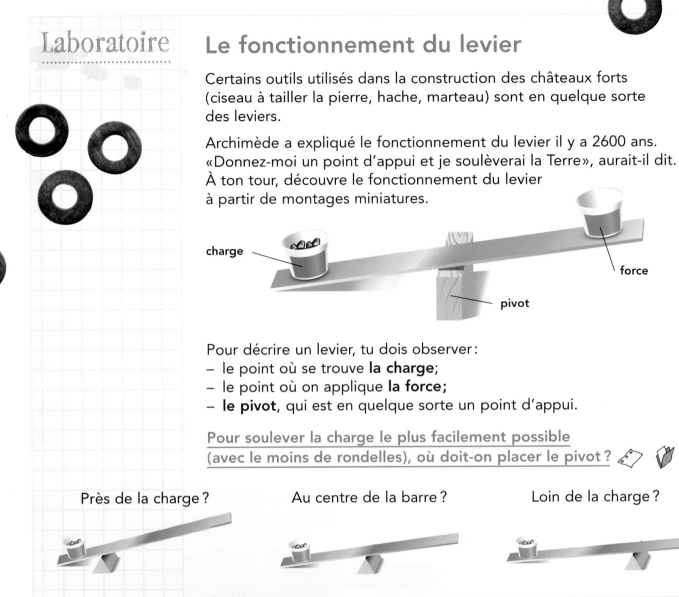

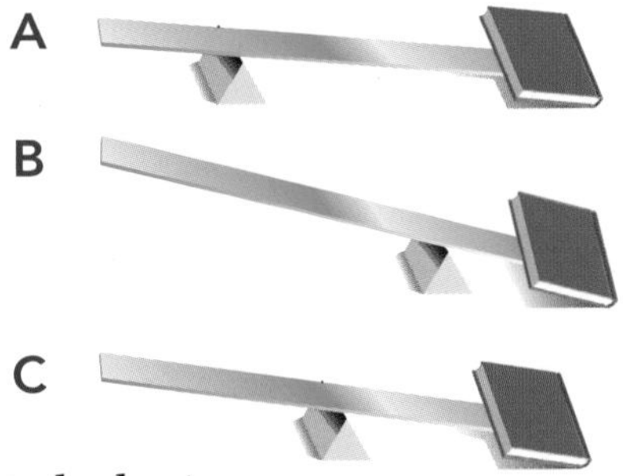

- Solutionne le problème suivant: lequel des leviers illustrés exigera le moins d'effort pour soulever le livre? Pourquoi?
- Explique la phrase d'Archimède au sujet du levier.

Fais des liens avec ta vie: trouve des objets de ton environnement qui fonctionnent comme un levier.

Chantier 5

Aujourd'hui, les grues font partie du paysage urbain. Pourtant, leur mécanisme de base a été inventé il y a plus de 2000 ans ! Quel est-il ? Pour le découvrir et l'expérimenter, **lis** le texte et **fais** le *Laboratoire* de ce chantier. Mais d'abord, **prédis** le contenu du texte à l'aide des intertitres.

Dans le texte ci-dessous, trouve trois substituts et dis ce qu'ils remplacent.

La grue à pylône

Les grues permettent de lever des matériaux, de les transporter jusqu'à l'endroit voulu et de les déposer avec une grande précision. Celle qu'on voit le plus souvent sur les chantiers est la grue à pylône.

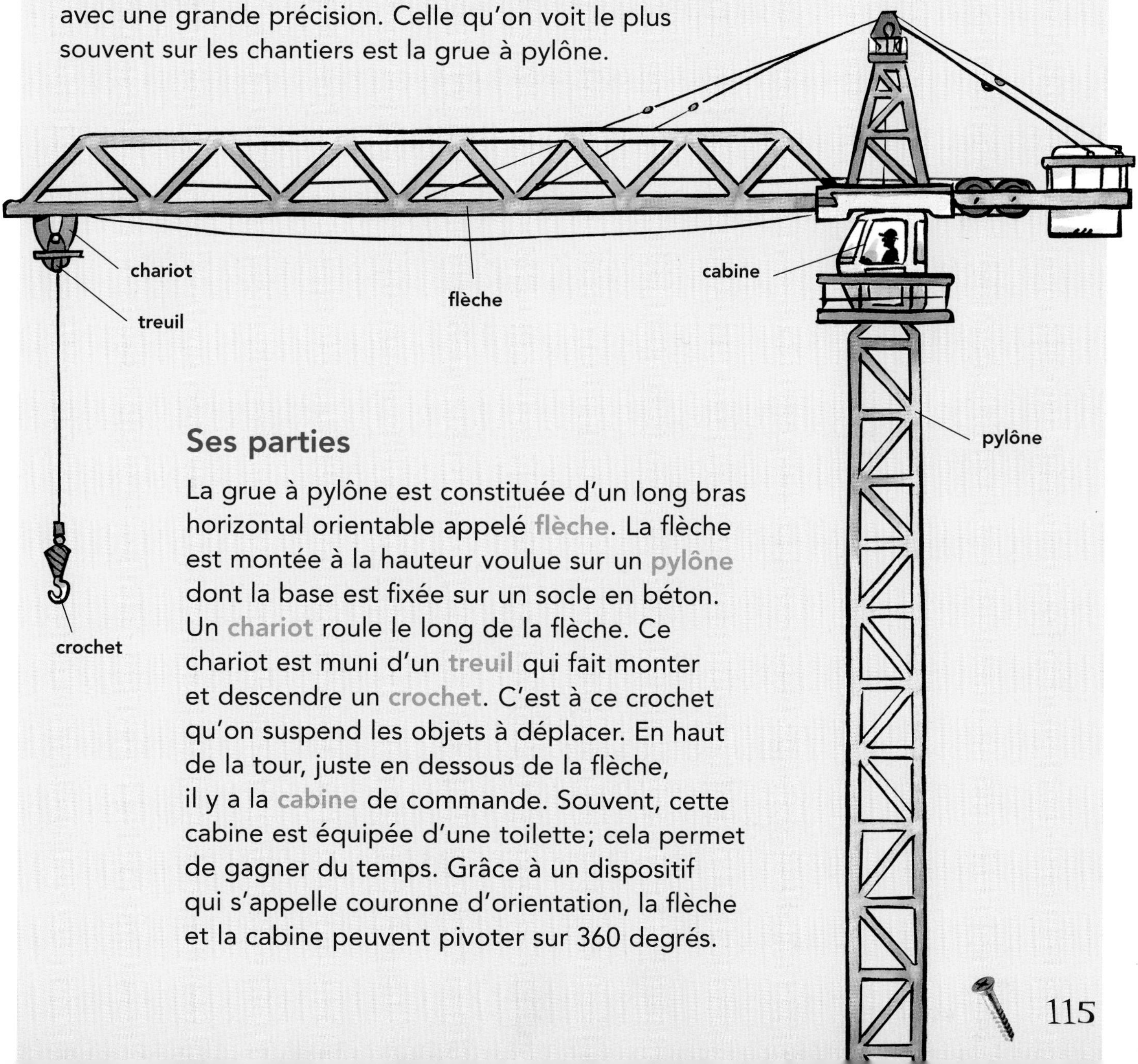

Ses parties

La grue à pylône est constituée d'un long bras horizontal orientable appelé **flèche**. La flèche est montée à la hauteur voulue sur un **pylône** dont la base est fixée sur un socle en béton. Un **chariot** roule le long de la flèche. Ce chariot est muni d'un **treuil** qui fait monter et descendre un **crochet**. C'est à ce crochet qu'on suspend les objets à déplacer. En haut de la tour, juste en dessous de la flèche, il y a la **cabine** de commande. Souvent, cette cabine est équipée d'une toilette; cela permet de gagner du temps. Grâce à un dispositif qui s'appelle couronne d'orientation, la flèche et la cabine peuvent pivoter sur 360 degrés.

Son mécanisme

La grue fonctionne grâce à un moteur électrique relié à un treuil qui actionne un gros câble d'acier. Le câble s'enroule autour d'une poulie, réduisant ainsi l'effort de levage. Lorsque la grue lève une charge, elle reste en équilibre grâce à un contrepoids placé à l'autre bout de la flèche. C'est le grutier ou la grutière qui commande les moteurs actionnant les poulies. Comme la cabine est trop haute pour voir ce qui se passe en bas, cette personne reçoit des instructions par radio. Si la charge est trop lourde, une alarme le prévient.

Son ancêtre

Les premières grues ont été construites à partir de matériaux trouvés dans la nature (bois, pierre et fibres végétales). L'ancêtre de la grue est probablement le chadouf. Utilisé dans l'Antiquité, le chadouf était une sorte de grue qui servait à puiser l'eau. Il était constitué d'une longue et solide perche de bois qui servait de levier. À un bout se trouvait un récipient attaché à une corde; à l'autre bout, un sac de pierres faisait contrepoids. Pour l'actionner, il fallait tirer sur la corde afin d'abaisser la perche et de faire descendre le récipient. Lorsque le récipient était rempli d'eau, la corde était lâchée et il remontait grâce au contrepoids.

Le savais-tu ?

Les grues s'appellent ainsi parce qu'elles sont grandes et allongées, comme les oiseaux du même nom !

Fais le point sur l'utilité de la stratégie «trouve ce que remplacent les mots substituts».

Dis ce que tu as appris sur les grues.

Montre ta compréhension : dessine un chadouf d'après la description qu'on en fait dans le texte.

Réfléchis au métier qu'exercent les grutiers.

- Si tu rencontrais une personne qui conduit une grue, quelles questions lui poserais-tu sur son travail et sur sa machine ?

Laboratoire   Le secret des grues: les poulies

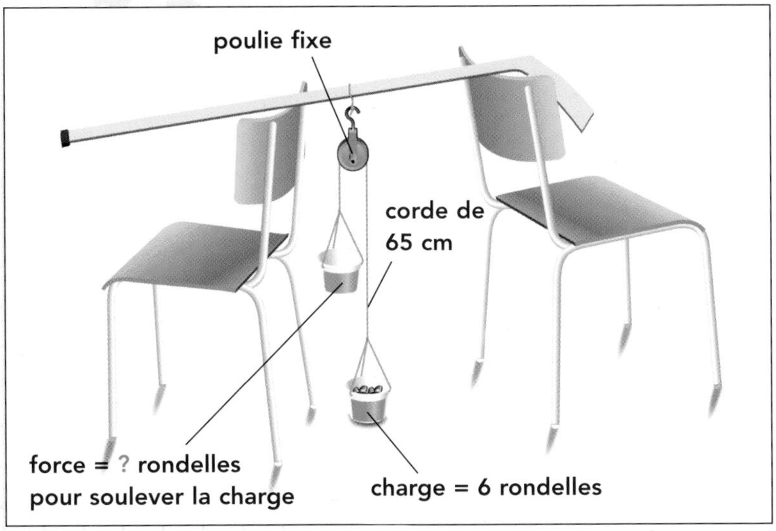

Montage A – 1 poulie

Fais les montages pour découvrir comment fonctionnent les poulies.

Quelle force (nombre de rondelles) sera nécessaire pour soulever la charge...

- à l'aide d'une poulie (montage A) ?
- à l'aide de deux poulies (montage B) ?

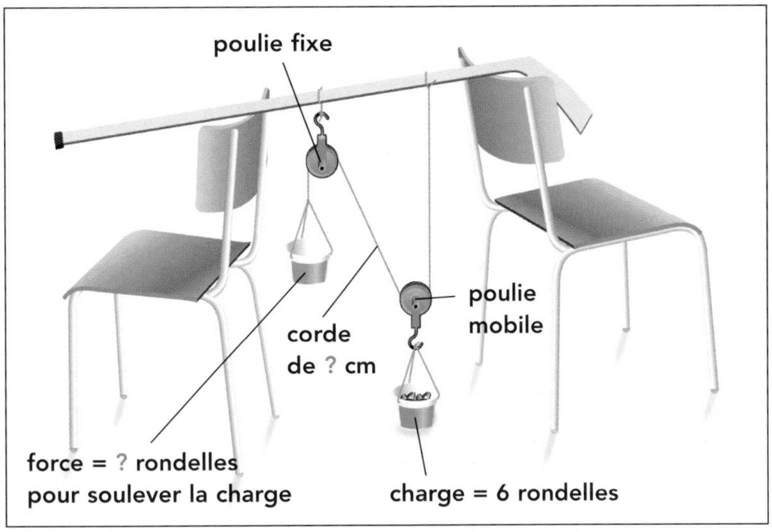

Montage B – 2 poulies

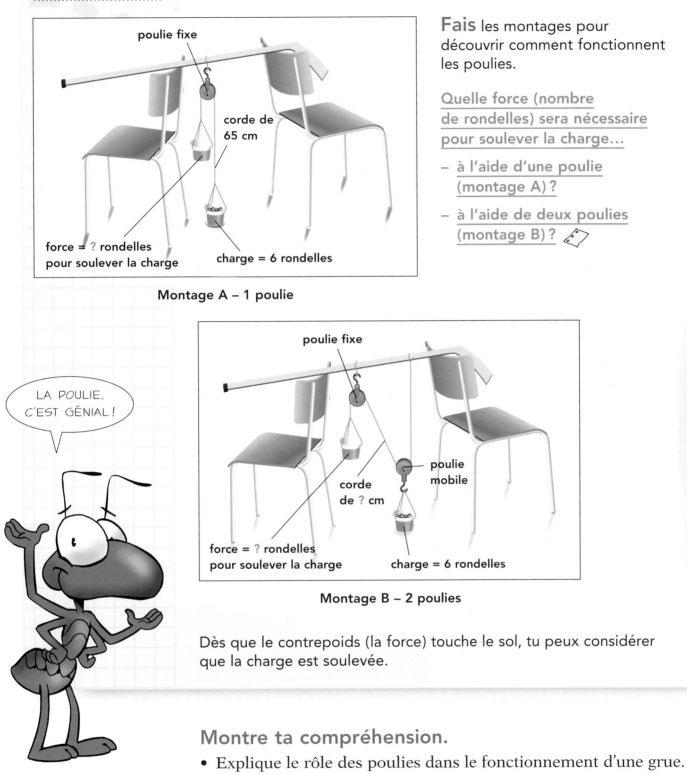

Dès que le contrepoids (la force) touche le sol, tu peux considérer que la charge est soulevée.

Montre ta compréhension.

- Explique le rôle des poulies dans le fonctionnement d'une grue.
- Dis ce que tu as appris sur les poulies. Quel montage utiliserais-tu pour soulever une lourde planche ? Pourquoi ?

Fais des liens avec la vie quotidienne: explique le rôle de la poulie dans le fonctionnement d'un store.

Chantier d'écriture

Une lettre de demande

Tu as une demande à formuler dans le cadre d'un de tes projets ? **Écris** une lettre pour la faire.

Je demande à des musiciens de venir nous rendre visite en classe.

Moi, je demande à la direction l'autorisation d'organiser un après-midi d'activités d'hiver.

Mon équipe demande aux responsables d'un musée de nous faire parvenir de la documentation.

Analyse la situation.

Considère le ou la destinataire de ta lettre de demande.
– Qui est cette personne ? La connais-tu ?
– Est-ce que tu lui diras « tu » ou « vous » ? Pourquoi ?

Réfléchis aussi à d'autres éléments de ta lettre et à ta manière de travailler.

- Dans quel but écriras-tu ?
- Que demanderas-tu ? Comment le feras-tu ?
- Qui signera la lettre ?
- Travailleras-tu sur papier ou à l'ordinateur ?

Prépare le terrain.

Pense à l'organisation de ton texte.

- As-tu déjà écrit une lettre ? Si oui, comment as-tu fait ?
- Rappelle-toi ce que tu sais à propos des lettres en général. PAGE 241

Rassemble le plus de données possible pour ta lettre.

Écris ton premier jet.

Écris ta lettre comme tu penses qu'elle doit être.

- Au fil de l'écriture, relis ce que tu as écrit pour enchaîner la suite.

Regarde comment les autres ont fait.

Compare ta lettre avec celles de tes camarades.

- Examine les parties de la lettre, la disposition du texte, la manière de s'adresser au ou à la destinataire et la façon de formuler la demande. Qu'y a-t-il de semblable et de différent d'une lettre à l'autre ?

Observe la lettre de la page suivante.

- Quelle partie est nouvelle par rapport à ce que tu connais ?
- Repère le passage…
  - où on formule la demande et où on explique pourquoi on fait cette demande;
  - où on donne des arguments pour convaincre la destinataire de répondre à la demande;
  - où les expéditeurs précisent quand et comment répondre à la demande.

L'EXPÉDITEUR OU L'EXPÉDITRICE ? C'EST LA PERSONNE QUI ENVOIE LA LETTRE.
POSTE

Compare ta lettre avec le modèle.

- Que garderas-tu de ta lettre ? Que modifieras-tu ?

Remplis ta *Fiche de récriture d'une lettre de demande* pour retenir ce que tu as appris.

Sherbrooke, le 28 février 2005

Madame Léa Latreille
Directrice
Musée des sports
1414, rue Malo
Laroucheville (Québec) J5V 2Z9

Madame,

Nous sommes des élèves intéressés par les sports et nous faisons une recherche sur le hockey. Nous aimerions que vous nous envoyiez de l'information sur les débuts du hockey parce que nous avons de la difficulté à en trouver.

Nous faisons appel à vous parce que vous êtes une spécialiste dans le domaine et que nous croyons que votre information sera fiable.

Nous souhaiterions recevoir la documentation le plus tôt possible à l'adresse suivante :

Classe de Manuelo
École Providence
1535, rue des Moulins
Sherbrooke (Québec) J1Z 3W0

Merci à l'avance de votre précieuse collaboration.

Les élèves de la classe de Manuelo

Les élèves de la classe de Manuelo
École Providence
1535, rue des Moulins
Sherbrooke (Québec) J1Z 3W0

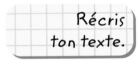

Madame Léa Latreille
Directrice
Musée des sports
1414, rue Malo
Laroucheville (Québec) J5V 2Z9

Récris ton texte.

Récris ta lettre pour l'améliorer. Mais d'abord, **réfléchis** à des modifications possibles en consultant ta *Fiche de récriture d'une lettre de demande*.

Fais lire ta lettre améliorée à une ou à plusieurs personnes.

- Tiens compte des commentaires les plus pertinents et apporte les dernières modifications à ta lettre.

Termine ton texte.

Corrige ta lettre à l'aide de ta *Fiche de correction*.
- Utilise les outils de référence disponibles.

Transcris ta lettre au propre ou **imprime**-la.
- Pense à laisser une marge tout autour de ton texte.

Prépare une enveloppe pour poster ta lettre.

Présentation de l'adresse sur l'enveloppe

Éléments de l'adresse :

- Monsieur / Madame / Mademoiselle + Prénom + Nom → Madame Léa Latreille
- Titre de fonction → Directrice
- Endroit où travaille la personne → Musée des sports
- Numéro + , + Rue → 1414, rue Malo
- Ville + (Province) + Code postal → Laroucheville (Québec) J5V 2Z9

Poste ta lettre, mais gardes-en une copie.

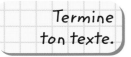

POUR NE PAS MANQUER D'ADRESSE !

Évalue ton travail d'écriture.

Évalue ta démarche d'écriture.

Demande-toi si tu as atteint ton but avec cette lettre.

Fais le point sur l'utilité de considérer le ou la destinataire au moment de se préparer à lui écrire.

Garde des traces des étapes de ton travail. Avant d'écrire ta prochaine lettre de demande, pense à les consulter !

En Nouvelle-France, le temps file... La petite société «française» s'organise, se peuple et s'agrandit. Peu à peu, elle devient une société «canadienne». Découvre cette société qui a laissé des traces bien visibles dans notre quotidien.

15 En Nouvelle-France vers 1745

Après plus d'un siècle d'existence, qu'est-ce qui a changé dans la colonie ? EN NOUVELLE-FRANCE VERS 1745 te fera découvrir l'organisation de la société canadienne. Au fil des chantiers, tu donneras ton opinion et tu trouveras de l'information pour réaliser tes projets. Tu te demanderas aussi comment répondre à des questions et tu écriras un questionnaire à choix multiples.

Réagis à la carte d'exploration ci-dessous et **active** tes idées.

- Quelles questions te poses-tu sur les Canadiens en Nouvelle-France ?

Les Canadiens en Nouvelle-France

- Qui sont-ils ?
- **Comment** vivent-ils ?
- Comment **cohabitent**-ils avec…
  - les Amérindiens ?
  - les voisins des colonies anglaises ?
- Sur **quel territoire** habitent-ils ?

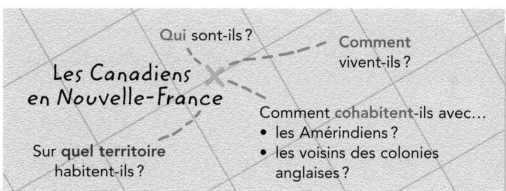

DANS MA COLONIE, IL Y A DES FOURMIS CANADIENNES ET AMÉRINDIENNES !

Planifie un projet pour découvrir la société canadienne qui vivait en Nouvelle-France vers 1745.

Réalise-le et **présente**-le.

PISTES ET IDÉES

- Représenter par une maquette la vie dans une seigneurie vers 1745.
- Écrire et monter une pièce de théâtre sur l'arrivée des «filles du roi» en Nouvelle-France.
- Tracer une carte simple mais de grand format de la Nouvelle-France et de la Nouvelle-Angleterre.

Comme tu le sais, au début de la colonie, il y avait très peu de femmes en Nouvelle-France. Comment a-t-on fait pour augmenter leur nombre et favoriser le peuplement de la colonie ? Pour découvrir une des solutions retenues, **lis** le texte ci-dessous.

Le mariage de Jeanne, «fille du Roy»

Jeanne est une orpheline recueillie par les religieuses du couvent de Troyes, en France. Mais la vie calme et rangée du couvent lui convient mal. Quand Marguerite Bourgeoys, venue de Nouvelle-France, lui propose de devenir «fille du Roy», Jeanne accepte avec enthousiasme. Elle a alors 18 ans. Marie, 16 ans, sera elle aussi du voyage.

Les deux jeunes femmes s'embarquent avec Marguerite Bourgeoys pour la Nouvelle-France avec pour mission de s'y marier. Le roi fournit leur dot (ce qu'une femme apporte en se mariant). À son arrivée à Ville-Marie, Jeanne épouse le sieur de Rouville. Le jour de son mariage, elle écrit à Marie qui est restée à Québec.

Quels mots te semblent difficiles dans la première phrase de la lettre ? Quelles stratégies utiliseras-tu pour les comprendre ?

PAGES 216 ET 217

Ville-Marie, 7 septembre 1672

Chère Marie,

Comme cadeau de noces, mon fiancé m'a remis solennellement… un mousquet, m'adjurant de ne jamais m'en séparer. [...]

Il semble que le sieur de Rouville ait perdu une femme aux mains des Iroquois et n'ait pas l'intention d'en sacrifier une seconde.

La cérémonie du mariage, comme tout en Nouvelle-France, a été simple et rapide. Le marié et les invités ont déposé leurs armes à la porte de la chapelle et les ont reprises dès leur sortie. On craint les Iroquois même dans la ville. [...]

Je serrais les fleurs sauvages qu'une femme avait glissées dans mes mains en guise de bouquet de noces, et je croyais vivre un rêve.

J'ai murmuré: «oui», d'une voix imperceptible, après que le père Lefebvre m'eut posé deux fois la question traditionnelle, et que d'un coup de coude impérieux, mon seigneur m'eut rappelée à l'ordre. Lui fut moins hésitant. Son «oui» résonna dans l'église et me glaça d'effroi. Il semblait vouloir dire:

— Évidemment, je veux l'épouser, puisque je suis ici. Finissons-en avec ces balivernes et partons au plus tôt. J'ai des choses plus urgentes qui m'attendent.

C'était fait. Nous étions mari et femme, et je ne savais ni son âge, ni la couleur exacte de ses yeux. [...]

Le savais-tu ?

Entre 1663 et 1673, environ 800 «filles du roi» seraient venues en Nouvelle-France. Ces filles de la France, souvent orphelines ou de familles pauvres, étaient pour la plupart âgées de 15 ou 16 ans. Toutes espéraient trouver un homme qui avait déjà construit une habitation ou défriché quelques arpents de terre. En général, elles se mariaient dans les semaines suivant leur débarquement en Nouvelle-France.

Au seuil de la chapelle, lorsqu'on me félicitait, trois personnes m'ont dit que je ressemblais à Aimée, la première femme du sieur de Rouville. Je m'explique maintenant pourquoi il m'a si vite acceptée. [...] Il était en voyage de chasse lorsque des Iroquois ont brûlé sa maison et massacré sa femme et son fils; la servante huronne a fui dans la forêt avec les deux autres enfants. [...]

Nous partons immédiatement en canot pour le sud de la région où mon mari a une maison, un champ et ses terrains de chasse. En route, nous reprendrons ses deux enfants hébergés dans une famille. Une vieille Huronne, qui était la servante de sa première femme, nous accompagnera. Et nous passerons l'hiver (qu'on dit long et froid) dans un coin perdu de la forêt.

Tout cela était ce matin. [...] Il semble que tous se soient dispersés sitôt après la cérémonie, car personne ne peut se permettre de perdre une journée de travail, même pour assister à un repas de noces. [...]

Que sera cet hiver, mon premier en Nouvelle-France, entre ce seigneur silencieux, cette Huronne taciturne et les enfants de cette Aimée dont je prends la place ? [...] Adieu, Marie. Que Dieu nous garde.

Tiré de Suzanne Martel, *Jeanne, fille du Roy*, Saint-Laurent, Fides, 1992, p. 67-70. (coll. Grandes histoires)

Le savais-tu ?

Les femmes de la Nouvelle-France sont de véritables héroïnes. En plus d'élever leurs enfants (sept en moyenne), elles soignent les fièvres et les blessures avec diverses herbes; elles essouchent la terre et participent aux récoltes aux côtés de leur mari; elles s'occupent des repas, du potager et du gibier rapporté de la chasse. Ce n'est pas tout ! Elles doivent savoir manier les armes pour défendre leur famille en cas d'attaque.

Comment t'y prends-tu pour comprendre les questions ou les consignes après les textes ? Partage tes connaissances.

Donne ton opinion sur le cadeau de noces de Jeanne, sur les inquiétudes qu'elle exprime et sur les «filles du roi»

Fais des liens entre ce texte et ce qui a existé.

Pour mieux comprendre ce travail, essaie la stratégie «décortique les consignes ou les questions».

Exerce-toi à décortiquer d'autres consignes et d'autres questions.

chantier 2

Tu sais qu'une petite colonie française est née en Amérique vers le début du 17e siècle. Comment s'est-elle développée entre le milieu du 17e siècle et le milieu du 18e siècle ? Pour le savoir, **lis** le texte suivant.

Que s'est-il passé en Nouvelle-France de 1645 à 1745 ?

Il se passe beaucoup de choses entre 1645 et 1745 : le territoire s'agrandit, la colonie se développe, de nouveaux colons débarquent, les relations avec les sociétés voisines se précisent... Tout un programme !

Le **territoire** de la Nouvelle-France s'agrandit

Le castor se capture facilement, surtout avec des fusils ! Vers 1650, l'animal devient rare près des établissements français. Pour en trouver, les coureurs des bois doivent se rendre de plus en plus loin vers l'ouest par la rivière Outaouais, les Grands Lacs et la vallée de l'Ohio. C'est une des raisons qui expliquent l'agrandissement de la Nouvelle-France.

Jean Talon : un grand dirigeant !

En 1665, Jean Talon est nommé par le roi pour développer la colonie. Il fait venir de France des animaux de la ferme, encourage de nouvelles cultures et met en place les premières industries. De plus, il organise des expéditions pour trouver de nouveaux territoires, car on cherche toujours un passage vers la Chine !

MON ANCÊTRE ÉTAIT «FOURMI DU ROI»...

Bienvenue aux **soldats** et aux **filles du roi** !

Vers 1665, le territoire est vaste. Pour le défendre, des soldats arrivent par centaines. Certains finissent par s'établir sur des terres. Mais la population est en majorité masculine. Talon encourage alors la venue de filles du roi. Dorénavant, on célébrera plus de mariages et on baptisera plus de nouveau-nés en Nouvelle-France !

La paix avec les Amérindiens

À partir des années 1670, des Amérindiens amis devenus catholiques s'installent définitivement dans la vallée du Saint-Laurent. Les années passent, mais la guerre avec les Iroquois reprend de plus belle. Finalement, on conclut en 1701 «La Grande Paix» de Montréal, qui marque la fin des guerres iroquoises.

Des voisins du sud menaçants

La Nouvelle-France a un voisin du sud dérangeant: la Nouvelle-Angleterre. Vers 1745, les colonies anglaises sont beaucoup plus peuplées que la colonie française. Et leur territoire est encerclé par celui de la Nouvelle-France. La Nouvelle-Angleterre étouffe. Anglais et Français se livrent des batailles armées…

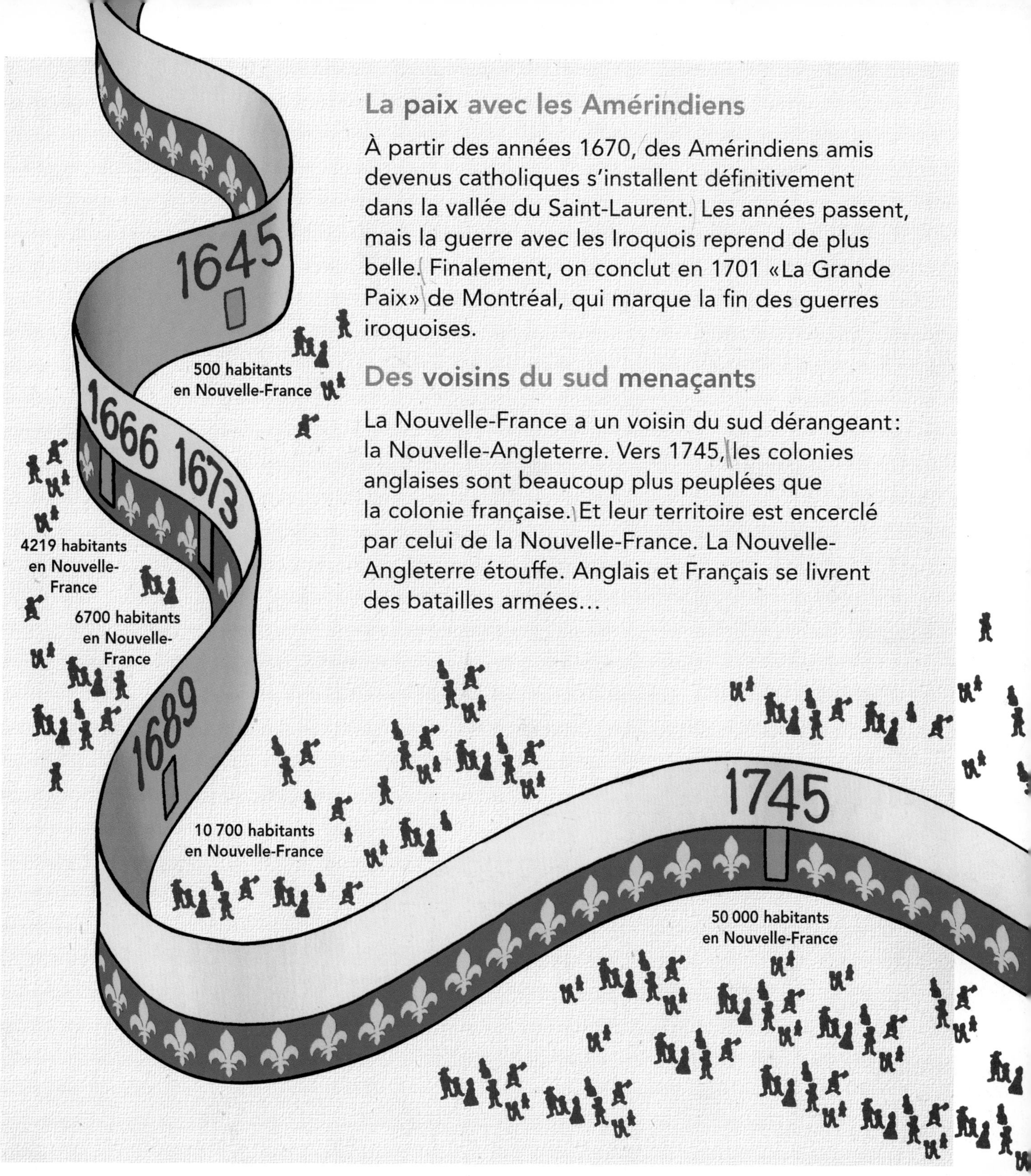

Montre que tu as compris le texte.

- Situe, sur une ligne du temps, les principaux événements dont il est question dans ce texte. Mais avant, explique comment tu t'y prendras.
- Explique ce qu'est la Nouvelle-Angleterre.

chantier 3

Vers 1745, comment les Canadiens établis en Nouvelle-France se débrouillent-ils pour vivre ? **Lis** le texte suivant pour le découvrir.

VIVRE EN NOUVELLE-FRANCE VERS 1745

Vers 1745, il y a environ 50 000 habitants en Nouvelle-France. Ce sont, pour la plupart, des gens nés sur place. On les nomme «Canadiens».

Environ une personne sur quatre vit à la ville. Les principales villes sont Québec, Montréal, Trois-Rivières, Louisbourg et Nouvelle-Orléans. La Nouvelle-France compte enfin autant de femmes que d'hommes. De plus, environ 3000 Amérindiens vivent sur les bords du fleuve Saint-Laurent.

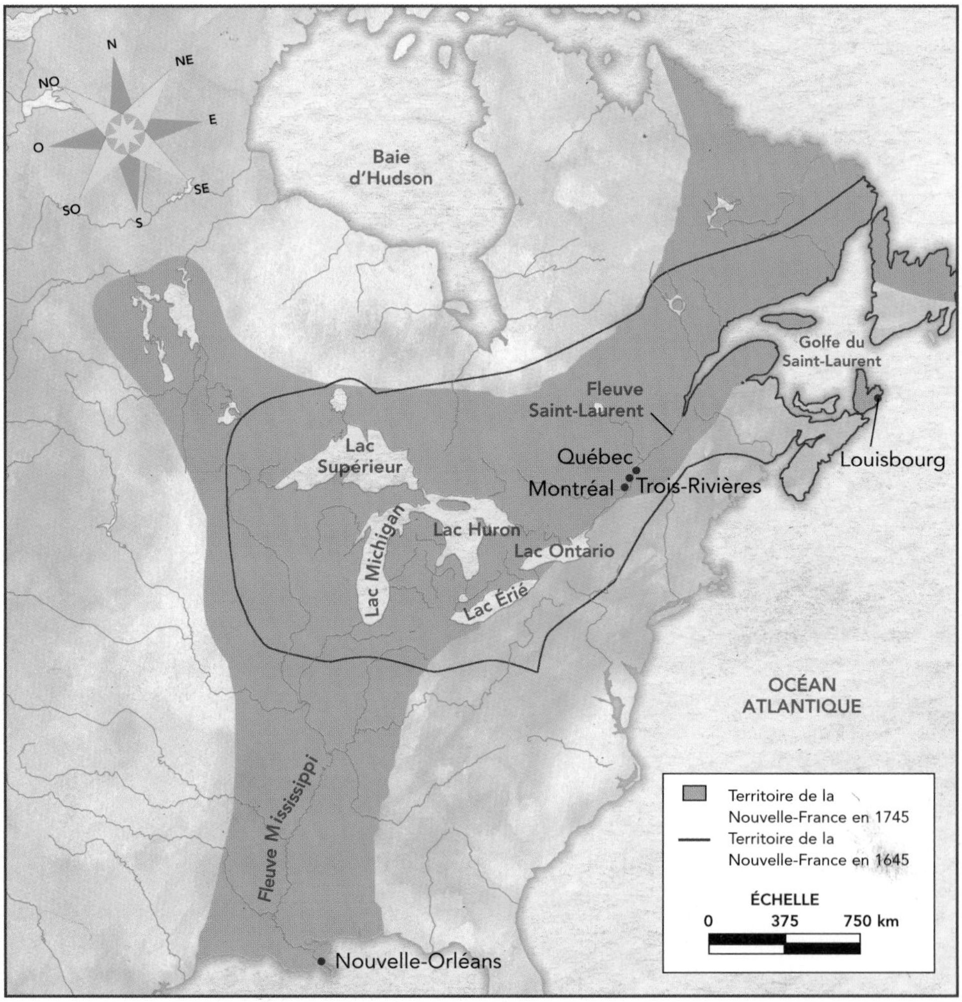

La Nouvelle-France vers 1745.

DE QUOI VIVENT LES GENS VERS 1745 ?

Depuis 1645, on a défriché le territoire et divisé les terres en «seigneuries». Ainsi, en 1745, les trois quarts de la population vivent d'agriculture. De plus, on pratique l'élevage de chevaux, de bovins, de porcs et de moutons.

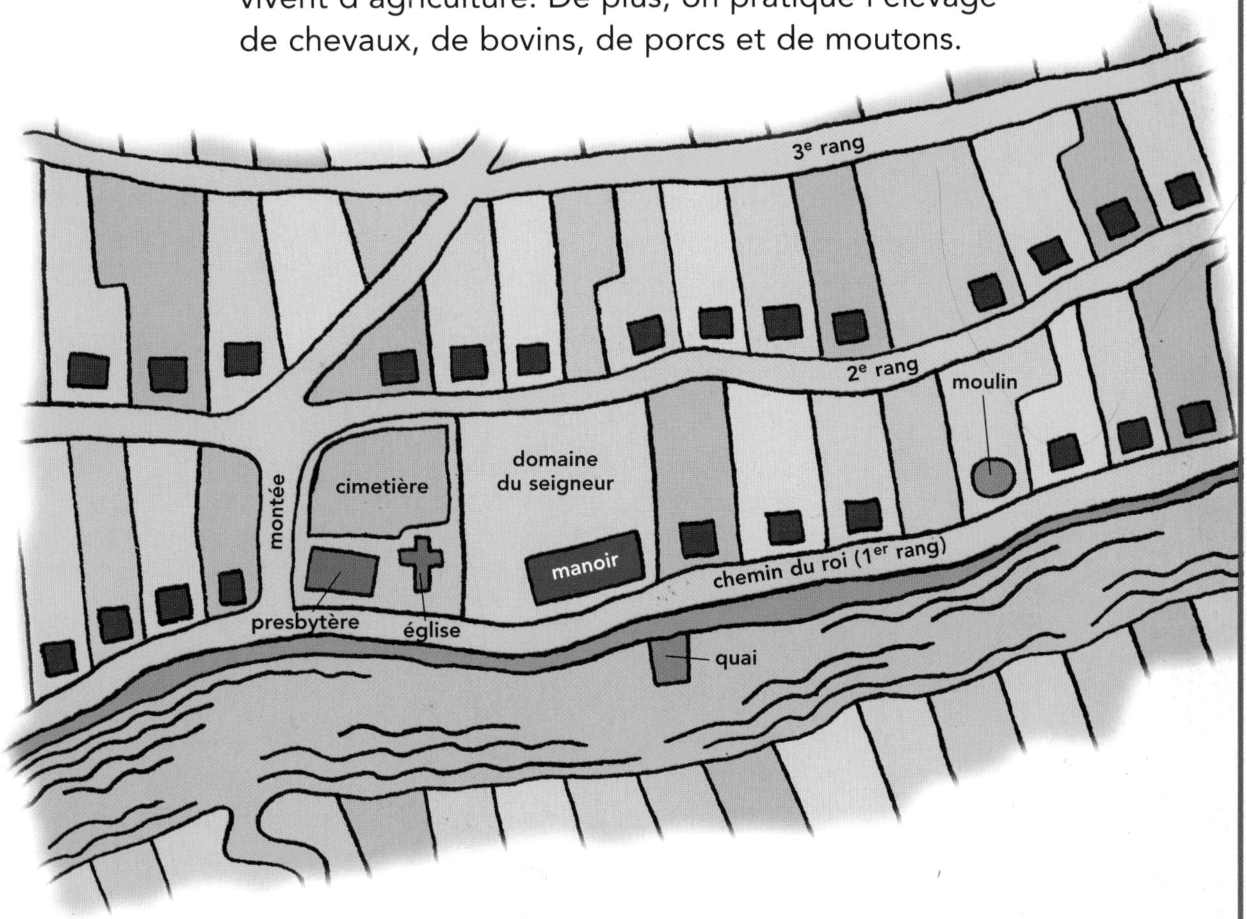

Une «seigneurie» regroupe plusieurs bandes de terre et est dirigée par un riche propriétaire: le seigneur. Les terres sont perpendiculaires au fleuve ou à une rivière. Cela permet au plus grand nombre d'habitants possible d'avoir accès à l'eau.

On continue de faire le commerce des fourrures. Chaque année, des coureurs des bois effectuent de grands voyages pour aller chercher des fourrures chez les peuples amérindiens. Montréal est maintenant le grand centre de ce commerce.

Vers 1745, on trouve quelques industries en Nouvelle-France: des forges, des scieries et, à Québec, des chantiers où l'on construit des bateaux. De plus, les activités au port de Québec sont intenses. C'est de là que partent les produits de la colonie (principalement des fourrures et du blé) vers la France et les Antilles.

COMMENT VIVENT LES GENS VERS 1745 ?

Se nourrir

En 1745, on continue de cultiver des céréales. Le pain est désormais l'aliment de base. Le potager fournit les légumes et les fruits. On mange régulièrement de la viande de bœuf et de porc, de la volaille, des œufs et des produits laitiers. On continue cependant de se procurer du sucre, du café et des fruits secs des Antilles… et du vin de France.

Se déplacer

Pour se déplacer sur de longues distances, on navigue encore sur le fleuve et les rivières à bord de chaloupes, de barques et de canots. Mais de 1720 à 1740, on construit plusieurs routes et quelques ponts. Dès 1735, un «chemin du roi» relie Montréal à Québec. Depuis, on peut faire le voyage en quatre jours. L'usage du cheval est répandu. On s'en sert pour tirer la calèche l'été et la carriole l'hiver.

Se vêtir

En Nouvelle-France, les gens s'habillent différemment selon qu'ils habitent la ville ou la campagne.

À la ville

On préfère les vêtements fins de France.

À la campagne

On s'habille «à la canadienne» et on s'inspire des vêtements des Amérindiens.

Vivre sa religion

La colonie est toujours essentiellement catholique. Les églises et les écoles sont tenues principalement par des religieux et des religieuses. Leur rôle ne se limite plus à faire connaître la religion catholique aux Amérindiens. Ils sont également au service de la population de la Nouvelle-France.

La connais-tu ?

Née à Troyes en 1620, Marguerite Bourgeoys arrive en Nouvelle-France en 1653. En plus d'enseigner aux enfants des colons et aux enfants amérindiens, sœur Marguerite Bourgeoys accueille les filles du roi. Elle les aide à s'adapter à leur nouvelle vie. Marguerite Bourgeoys est également la fondatrice de la chapelle Notre-Dame-du-Bon-Secours et de la Congrégation de Notre-Dame. Elle meurt en 1700.

Décris la façon de vivre dans la société canadienne de la Nouvelle-France.

Compare la Nouvelle-France de 1645 avec celle de 1745.

chantier 4

Les Iroquoiens et les Algonquiens ont été les premiers habitants du territoire devenu la «Nouvelle-France». Qu'est-il arrivé à la société iroquoienne 250 ans plus tard, au contact des Français, puis des Canadiens ? Pour le savoir, **lis** le texte.

Les Iroquoiens de 1500 à 1745 : un monde de différences !

En 250 ans, le territoire, la façon de vivre, les objets et l'état de santé de la population iroquoienne ont beaucoup changé.

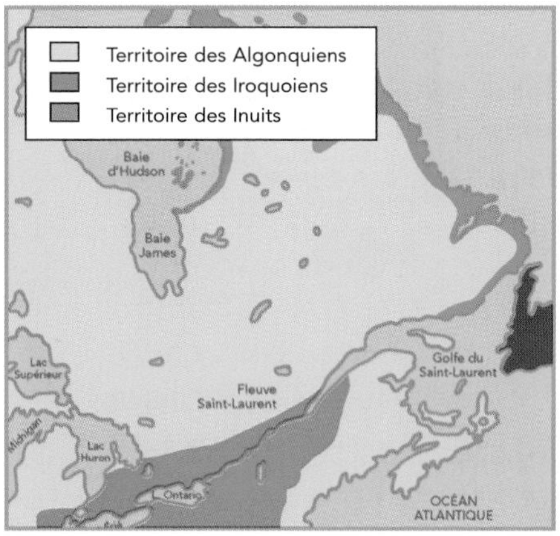

Le territoire vers 1500.

Le territoire vers 1500

Vers 1500, les Iroquoiens occupaient la vallée du Saint-Laurent et une large bande de terres fertiles autour des lacs Ontario, Érié et Huron.

Le territoire vers 1745

Près de Montréal, on trouve quelques villages amérindiens : Kahnawake, Kanesatake et Akwesasne.

Vers 1745, les Iroquoiens occupent toujours les terres au sud du Saint-Laurent, du lac Ontario jusqu'à Montréal. Mais leur territoire de chasse rétrécit continuellement, car des colons s'approprient peu à peu ces terres pour s'y installer.

Certains Iroquoiens s'installent près des villes de la Nouvelle-France et adoptent la façon de vivre des Canadiens. Des Hurons, par exemple, habitent le village de Wendake.

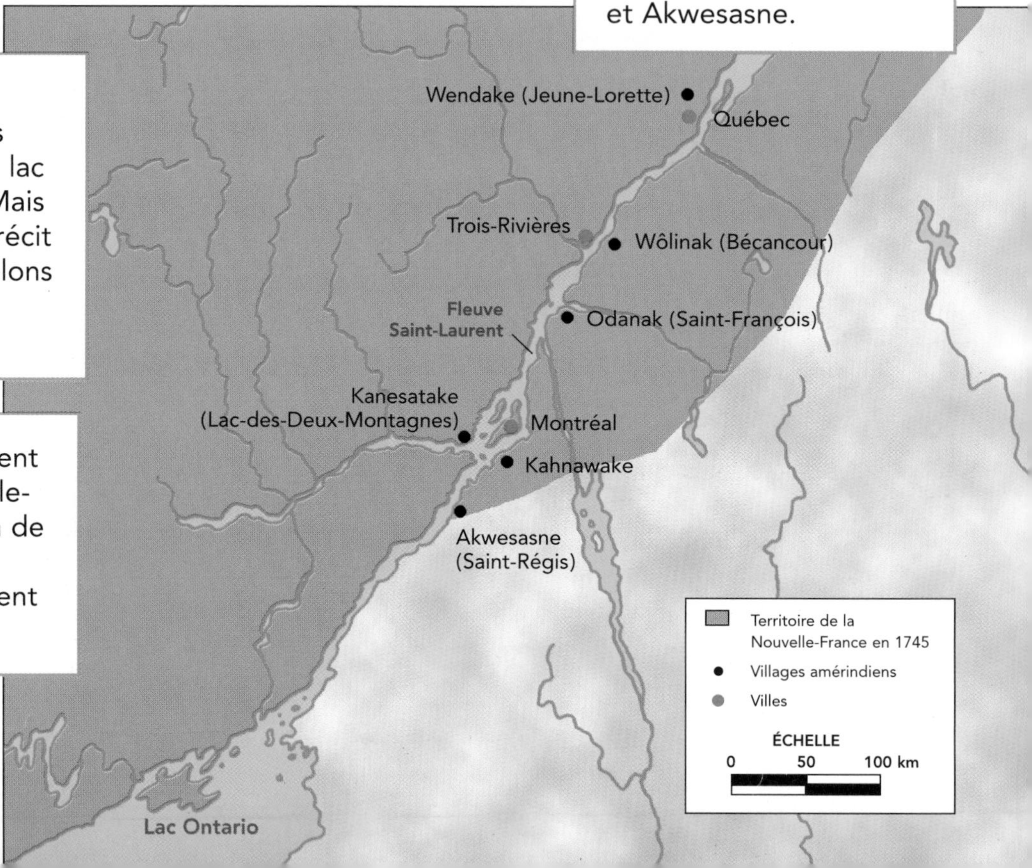

Villages amérindiens vers 1745.

La façon de vivre vers 1500

Vers 1500, les Iroquoiens sont sédentaires. Ils vivent des produits de la chasse, de la pêche et de l'agriculture. Lorsque les sols sont épuisés, ils déplacent leur village de maisons longues vers de nouvelles terres. Les maisons longues peuvent regrouper plusieurs dizaines de personnes.

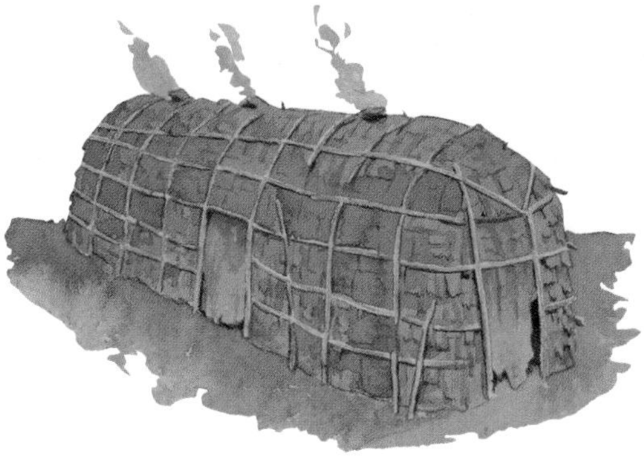

La façon de vivre vers 1745

Vers 1745, certains Iroquoiens vivent de façon traditionnelle dans la vallée du Saint-Laurent. D'autres sont «domiciliés», c'est-à-dire qu'ils habitent de façon définitive dans des villages à proximité des villes canadiennes.

Dans ces villages permanents, les Iroquoiens sont devenus catholiques et ils parlent presque tous français. Certains ont délaissé la maison longue pour habiter une «maison canadienne». Ils pratiquent l'élevage et possèdent des chevaux et des carrioles. Toutefois, ils consacrent chaque année beaucoup de temps à la chasse.

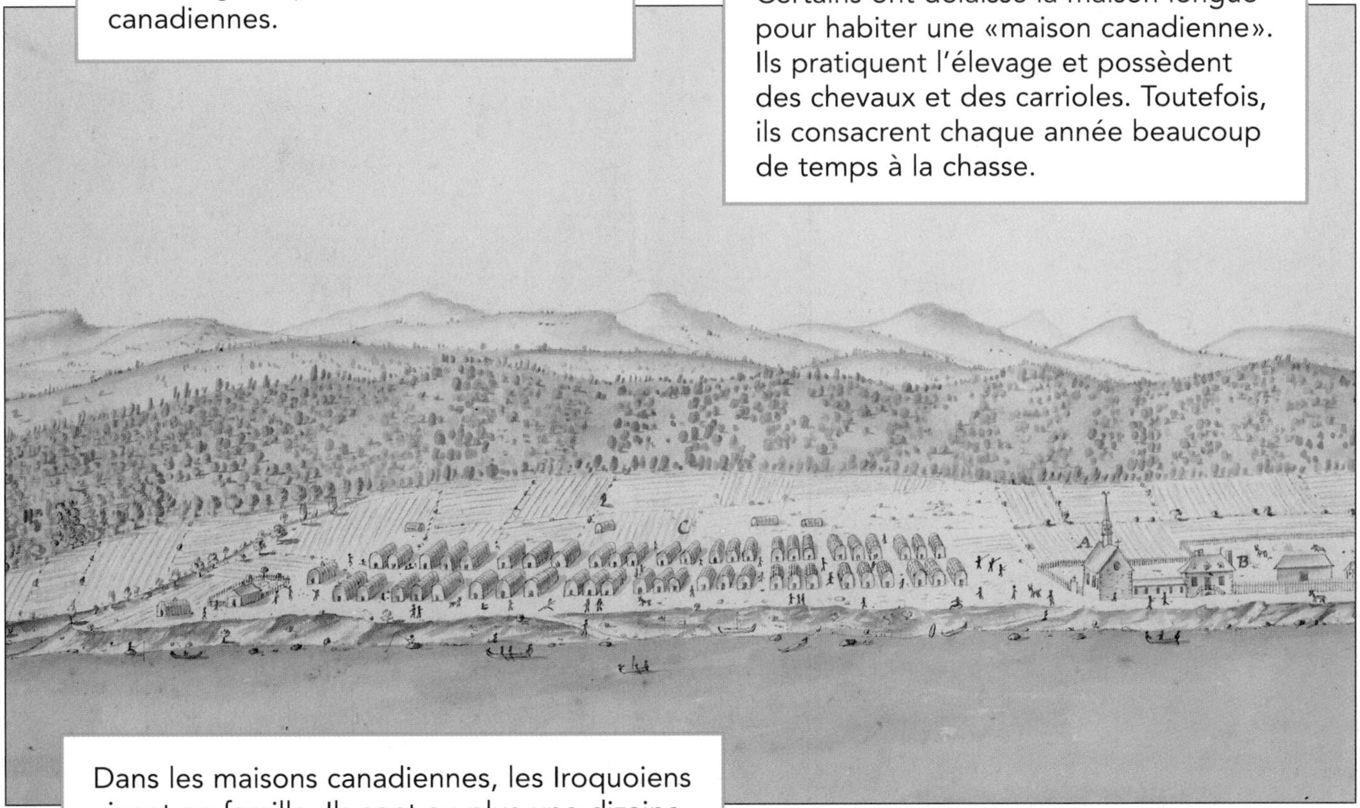

Dans les maisons canadiennes, les Iroquoiens vivent en famille. Ils sont au plus une dizaine de personnes. Malgré cela, ils continuent de nommer des chefs et de se regrouper en clans et en bandes.

Vue de la mission du Sault-Saint-Louis (aujourd'hui Kahnawake), cliché, Bibliothèque nationale de France.

A – église
B – maison du missionnaire
C – village

Les objets de la vie quotidienne vers 1500

Vers 1500, les Iroquoiens se nourrissent, construisent des abris et cousent des vêtements avec ce que la nature leur fournit. Ils fabriquent des objets courants (arcs, flèches, canots, jouets, plats et contenants variés) avec du bois, de la pierre, des coquillages et des os. Ils font bouillir l'eau dans des récipients faits de peaux en y jetant des pierres chauffées.

Les objets de la vie quotidienne vers 1745

Les Iroquoiens utilisent des grelots, des petits miroirs et des fils d'acier. Ils consomment de la farine, des biscuits, des fruits secs, du thé et du sucre. Ils chassent avec des fusils.

Les objets de métal (couteaux, chaudrons de cuivre, haches et épées) ont permis aux Iroquoiens de délaisser les objets de bois, de pierre et d'os, qui sont plus fragiles.

Un couple de Hurons. (Bibliothèque centrale de Montréal, Salle Gagnon)

Utilisé comme parure, le wampum est fabriqué de perles de verre ou de coquillages.

Les habits des Iroquoiens ressemblent à ceux des Canadiens. Les tissus remplacent les peaux. On découpe des chaudrons de cuivre pour fabriquer des bijoux. Les perles de verre remplacent les coquillages dans les colliers.

L'état de santé de la population vers 1500

Vers 1500, les Iroquoiens n'ont pas encore eu de contacts avec les Européens. Ils vivent sur leur territoire d'après des traditions transmises par leurs ancêtres de génération en génération. Ils sont environ 100 000.

L'état de santé de la population vers 1745

Chez les Hurons seulement, la population passe de 30 000 habitants à seulement 9000 à cause des maladies. Les victimes sont surtout des vieillards et des enfants. Comme les personnes âgées sont les chefs des tribus, la société entière est désorganisée.

Bien malgré eux, les Européens ont transmis aux Iroquoiens des maladies qui leur étaient inconnues : variole, rougeole, varicelle, etc. Or, les Iroquoiens n'avaient pas les anticorps nécessaires pour y résister. Aussi, de graves épidémies se sont-elles répandues parmi les Hurons et les groupes iroquoiens voisins. Vers 1745, ils ne sont plus qu'environ 10 000.

Les maladies font des ravages chez les Amérindiens.

Le savais-tu ?

Durant les guerres, les Iroquois avaient comme tradition de faire de nombreux prisonniers qui étaient ensuite adoptés par les familles iroquoises. Il est probable qu'ils en aient capturé beaucoup vers la fin du 17e siècle pour remplacer les personnes ayant succombé aux épidémies.

Explique comment la société iroquoienne a changé entre 1500 et 1745.

Donne ton opinion sur ces changements.

Chantier 5

Pendant que la Nouvelle-France se développait, d'autres sociétés occupaient des territoires en Amérique. La Nouvelle-Angleterre, par exemple, était un de ces territoires. Et c'était le voisin de la Nouvelle-France. Pour en savoir plus, **lis** l'entrevue ci-dessous.

LES VOISINS DU SUD

Pour vous, chers lecteurs, notre reporter Pierrette Sanschagrin s'est rendue aux États-Unis. Elle a remonté le temps jusqu'en 1745 pour recueillir le témoignage d'un colon anglais qui a accepté de répondre à ses questions sur la Nouvelle-Angleterre. Voici un extrait de cette entrevue exclusive.

«Monsieur, merci d'avoir accepté de nous rencontrer. D'abord, parlez-nous un peu de vous…

Je m'appelle James et je vis au Massachusetts, une colonie située au nord de la Nouvelle-Angleterre. Comme mon prénom l'indique, je suis descendant d'une famille anglaise. Mon père a, en effet, quitté l'Angleterre par bateau pour venir s'installer ici. J'ai grandi dans la colonie et, maintenant, je travaille dans une usine à chaussures. C'est un travail répétitif et monotone, mais il faut bien gagner sa vie !

James au travail.

Où exactement est située la Nouvelle-Angleterre et quels sont les avantages de cette situation ?

La Nouvelle-Angleterre est un ensemble de treize colonies anglaises, chacune étant un territoire d'Amérique qui appartient à l'Angleterre. Aujourd'hui, en 1745, il y a en fait trois regroupements de colonies. Les colonies du nord sont le Massachusetts, le New Hampshire, le Rhode Island et le Connecticut. Les colonies du centre regroupent New York, le New Jersey, le Delaware et la Pennsylvanie. Les colonies du sud sont le Maryland, la Virginie, les Carolines et la Géorgie.

Nos colonies sont réparties le long de la côte Atlantique. Elles sont bordées à l'ouest par la chaîne de montagnes des Appalaches et la Nouvelle-France. Quelques cours d'eau sillonnent le territoire. La rivière Hudson est le plus important. En général, le sol est fertile et le climat, particulièrement vers le sud, moins rigoureux que celui de la Nouvelle-France.

Région Est de l'Amérique du Nord vers 1745.

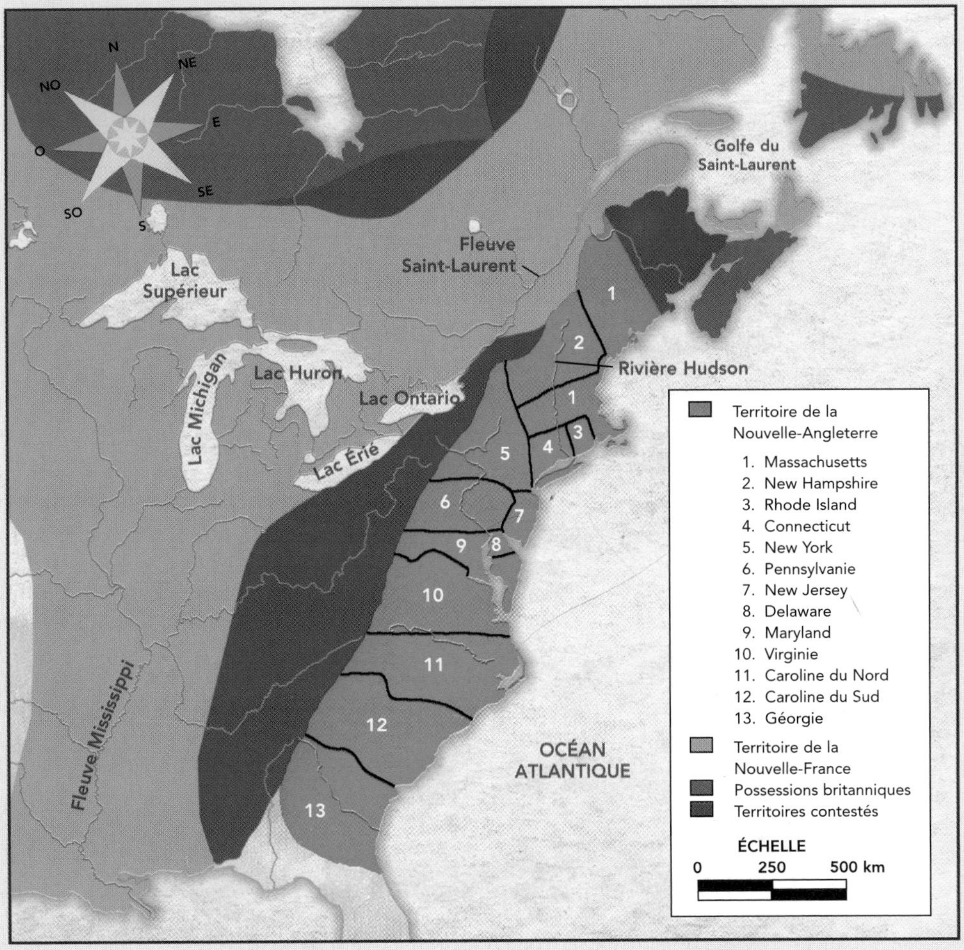

James, quelles sont les principales activités des habitants ?

D'abord, il y a l'**agriculture**. Un peu partout, mes compatriotes la pratiquent. Les cultures des colonies du nord et du centre sont semblables à celles de la Nouvelle-France : maïs, avoine, courges, tabac, etc. Nous y pratiquons aussi l'élevage. Dans les colonies du sud, nous cultivons du maïs, du blé, des fruits, des légumes et du riz.

De plus, de nombreuses **industries** se développent chez nous grâce aux ressources de la terre, de la forêt, de la mer et du sous-sol. De façon générale, nos industries sont plus nombreuses et plus diversifiées qu'en Nouvelle-France. Par exemple, le bois des forêts contribue au développement de scieries. La proximité de l'océan favorise l'industrie de la pêche. Les produits de la ferme alimentent l'industrie de la chaussure et les moulins à farine.

Finalement, il y a le **commerce**. Les Treize colonies font beaucoup d'échanges de produits avec l'Angleterre. Nous lui fournissons du poisson, des produits d'élevage, du rhum, du fer, du tabac et du riz tandis que nous en recevons principalement des tissus. Les colonies reçoivent aussi des produits d'Europe, d'Afrique et des Antilles.

J. Byron, «Vue du long quai et du port de Boston», 1764.

La population de la Nouvelle-Angleterre est-elle importante ?

Oh oui ! Le territoire de la Nouvelle-Angleterre est petit, mais, en 1745, sa population est 25 fois plus élevée que celle de la Nouvelle-France ! On y parle principalement l'anglais.

POPULATION VERS 1745	
Nouvelle-Angleterre 1 250 000 habitants	**Nouvelle-France** 50 000 habitants

Qui dirige vos colonies ?

Le Massachusetts, comme chaque colonie anglaise, a son propre gouvernement. Comme il y a treize colonies, il y a treize gouvernements ! J'ai été très surpris d'apprendre qu'en Nouvelle-France, tout le territoire est gouverné par les représentants du roi de France ! Le mode de gouvernement de Nouvelle-France est vraiment plus simple que celui des Treize colonies !

Merci pour toutes ces informations, James.»

Fais le point sur l'utilité de la stratégie «décortique la question ou la consigne».

Compare les sociétés anglo-américaines avec la société canadienne de la Nouvelle-France.

- Quelles sont les ressemblances et les différences entre elles ?

Donne ton opinion : explique dans laquelle de ces deux sociétés tu aurais préféré vivre.

Chantier d'écriture

Un questionnaire à choix multiples

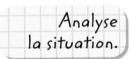

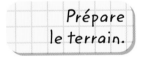

Tu veux mener un sondage ou créer un jeu questionnaire ?
Écris un questionnaire à choix multiples.

Je veux tester les connaissances de mes camarades en sciences.

Mon équipe veut connaître les habitudes alimentaires des élèves de la classe.

Je prépare un sondage pour les visiteurs de notre exposition sur la Nouvelle-France.

Analyse la situation.

Réfléchis à ton questionnaire.
- À quoi servira-t-il ? À qui s'adressera-t-il ?
- Comment t'assureras-tu qu'on y réponde ?
- Travailleras-tu sur papier ou à l'ordinateur ?

Prépare le terrain.

Rappelle-toi ce que tu sais à propos des questionnaires.
- As-tu déjà lu un questionnaire à choix multiples ? À quoi cela ressemble-t-il ?
- En as-tu déjà écrit un ? Si oui, comment as-tu fait ?

Rappelle-toi ce que tu sais sur les phrases interrogatives. PAGE 246

Dresse la liste des questions que tu veux poser, puis **sélectionne** les meilleures.

Écris ton premier jet.

Écris ton questionnaire comme tu penses qu'il doit être.

Regarde comment les autres ont fait.

Compare ton questionnaire avec ceux de tes camarades.

- Examine surtout les parties du questionnaire et la disposition des questions. Qu'y a-t-il de semblable et de différent d'un questionnaire à l'autre ?

Observe les questionnaires des pages 143 et 144.

- À quoi chacun sert-il ?
- Compare les parties (A) des deux questionnaires. Ensuite, fais la même chose avec les autres parties. Quelles ressemblances et différences y a-t-il d'un questionnaire à l'autre ?
- Que remarques-tu à propos de la disposition des questions ?

Compare ton premier jet avec les modèles.

- Ton questionnaire te semble-t-il complet ? Que pourrais-tu modifier ?

(A) **Votre opinion sur notre exposition !**

(B) L'exposition ***La Nouvelle-France, une colonie à découvrir*** vous a-t-elle plu ? Un peu ? Beaucoup ? Énormément ? Pas du tout ? S'il vous plaît, faites-nous part de votre appréciation.

(C) PARTIE 1 – **Veuillez entourer la binette correspondant le mieux à votre appréciation.**

(D)
1. Avez-vous appris du nouveau sur la Nouvelle-France ?
2. Trouvez-vous que les maquettes étaient réussies ?
3. D'après vous, l'information était-elle de bonne qualité ?
4. Recommanderiez-vous cette exposition à vos amis ?

(C) PARTIE 2 – **Veuillez cocher les cases correspondant à vos réponses.**

(D)
5. Combien de temps votre visite a-t-elle duré ?
   - ■ **a)** moins de 30 minutes
   - ■ **b)** de 30 à 60 minutes
   - ■ **c)** plus d'une heure
6. Comment avez-vous su que cette exposition avait lieu ?
   - ■ **a)** par le journal local
   - ■ **b)** par un ou une élève de l'école
   - ■ **c)** par un membre du personnel de l'école
   - ■ **d)** par les affiches
7. Viendriez-vous à une exposition sur l'histoire des Jeux olympiques ?
   - ■ **a)** Oui
   - ■ **b)** Non
   - ■ **c)** Peut-être

(E) Nous vous remercions d'avoir pris le temps de répondre à ce sondage. Veuillez le déposer dans la boîte prévue à cet effet à la sortie.

A

JEU QUESTIONNAIRE

Vive les sciences !

B

Te passionnes-tu pour les sciences ? Voici quelques questions pour tester tes connaissances dans le domaine.

C

Pour chaque question, coche ta réponse. Quand tu as fini, vérifie tes réponses.

D

1. Comment les graines des plantes voyagent-elles ?
   - ■ **a)** grâce aux animaux
   - ■ **b)** à l'aide du vent qui les disperse
   - ■ **c)** sur les cours d'eau
   - ■ **d)** en métro
   - ■ **e)** les réponses *a*, *b* et *c*
2. Où les petits des vivipares se développent-ils ?
   - ■ **a)** à l'intérieur du corps de leur mère
   - ■ **b)** à la garderie
   - ■ **c)** dans un œuf
3. Quelles dents utilises-tu pour couper des morceaux de pomme ?
   - ■ **a)** tes canines
   - ■ **b)** tes molaires
   - ■ **c)** tes incisives
   - ■ **d)** celles de ton couteau
4. Quel est l'équipement des animaux dont le principal mode de déplacement est la course ?
   - ■ **a)** pieds très longs
   - ■ **b)** quatre pattes
   - ■ **c)** pattes minces et musclées ainsi que pieds conçus pour fouler le sol
   - ■ **d)** espadrilles
5. Pourquoi l'humain a-t-il inventé des machines simples ?
   - ■ **a)** pour augmenter la force de ses muscles
   - ■ **b)** pour construire des pyramides
   - ■ **c)** pour soulever des objets
   - ■ **d)** pour passer le temps
6. À quelle machine complexe te font penser les mots *pylône*, *flèche*, *crochet*, *poulie* et *treuil* ?
   - ■ **a)** à l'ascenseur
   - ■ **b)** à la grue
   - ■ **c)** à la bicyclette
   - ■ **d)** à la chaise du dentiste
7. Quel est l'intrus ?
   - ■ **a)** sens de la vue
   - ■ **b)** sens de l'ouïe
   - ■ **c)** sens du toucher
   - ■ **d)** sens de l'humour
8. Où était Archimède quand il a compris le principe de la flottaison ?
   - ■ **a)** dans la lune
   - ■ **b)** sur le Titanic
   - ■ **c)** sous un pommier
   - ■ **d)** dans son bain

E

Réponses : 1. e – 2. a – 3. c – 4. c – 5. a – 6. b – 7. d – 8. d

Interprétation des résultats
- 6, 7 ou 8 bonnes réponses : Bravo !
- 4 ou 5 bonnes réponses : C'est un bon début !
- 3 bonnes réponses ou moins : Ouvre l'œil !

ATTENTION ! N'ÉCRIS PAS DANS TON MANUEL !

Remplis ta *Fiche de récriture d'un questionnaire à choix multiples* pour retenir ce que tu as appris.

Récris ton texte.

Récris ton texte pour l'améliorer. Mais d'abord, **réfléchis** à des modifications possibles en consultant ta *Fiche de récriture d'un questionnaire à choix multiples*.

Fais lire ton questionnaire amélioré à une ou à plusieurs personnes et recueille leurs commentaires.

Choisis, parmi les commentaires recueillis, ceux qui te semblent les plus appropriés.

Apporte les dernières modifications à ton questionnaire.

Termine ton texte.

Corrige ton questionnaire à l'aide de ta *Fiche de correction*.

- Utilise les outils de référence disponibles.

Transcris ton questionnaire au propre ou **imprime**-le, puis **photocopie**-le en nombre suffisant.

Envoie ton questionnaire aux bonnes personnes, mais gardes-en une copie.

Évalue ton travail d'écriture.

Évalue ta démarche d'écriture.

Demande-toi si tu as atteint ton but avec ce questionnaire.

Fais le point sur l'utilité de faire lire son texte par d'autres et de choisir, parmi les commentaires reçus, les plus appropriés.

Garde des traces des étapes de ton travail. Avant d'écrire ton prochain questionnaire à choix multiples, pense à les consulter !

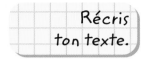

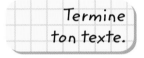

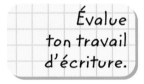

Le crabe

Un crabe qui marchait de travers
Voulait à toute force voir la mer.
Pauvre crabe, il n'y arriva pas:
On lui avait dit: «C'est tout droit!»

Lucie Spède, dans Jacques Charpentreau,
La poésie comme elle s'écrit, Paris, Éditions de l'Atelier, 1979.

Pour le plaisir,
histoire de rire,
voici quelques histoires
qui te feront sourire.
Qu'elles soient courtes,
moyennes ou longues,
elles sont fantastiques
pour la gymnastique
des **zygomatiques**!

16 Brin d'humour

Qu'est-ce qui te fait sourire dans les histoires ? Pour t'aider à le découvrir, BRIN D'HUMOUR t'invite à observer et à apprécier les touches humoristiques de quelques œuvres. Au fil du module, tu feras appel à tes ressources personnelles et à ton imagination. Tu apprendras aussi à donner du sens aux marqueurs de relation et tu écriras ta propre histoire pour faire sourire.

Réagis à la carte d'exploration ci-dessous et **active** tes idées.

- Quelles questions te poses-tu sur les histoires qui te font sourire ?

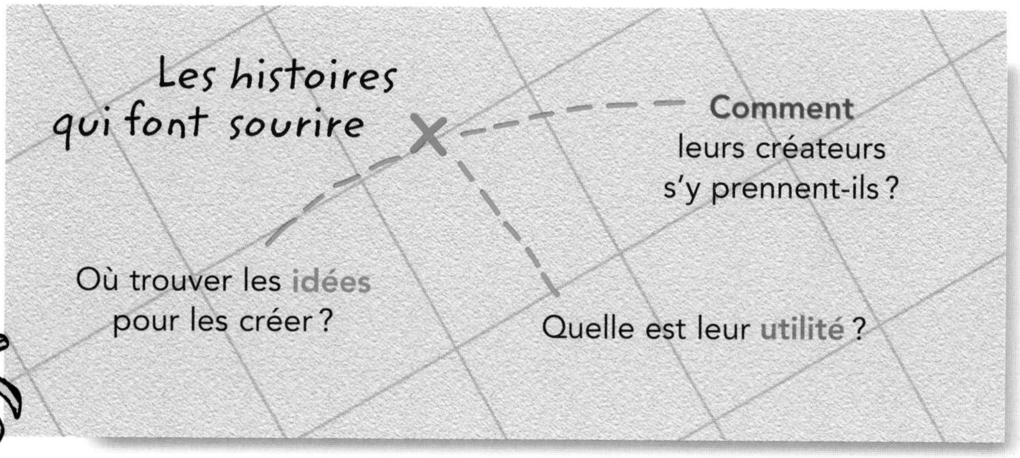

Les histoires qui font sourire
Comment leurs créateurs s'y prennent-ils ?
Où trouver les idées pour les créer ?
Quelle est leur utilité ?

Planifie un projet pour mettre en valeur l'humour dans les histoires.

Réalise-le et **présente**-le.

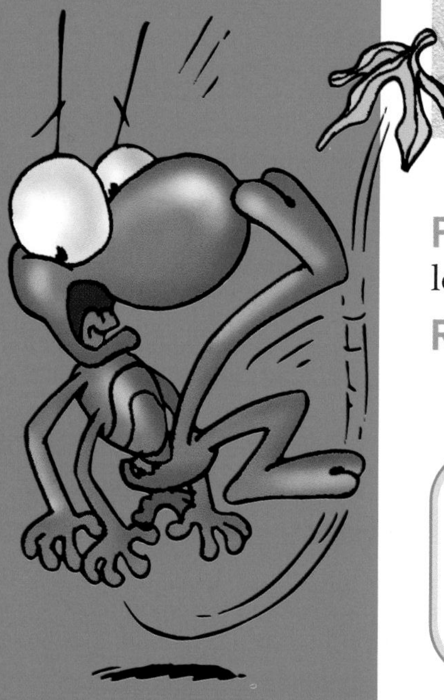

PISTES ET IDÉES

- Préparer un palmarès d'histoires qui font sourire pour la bibliothèque du quartier.
- Écrire une histoire drôle et en faire un album illustré.
- Inviter des auteurs à parler de l'humour dans leurs histoires.

Où les personnes qui créent des histoires drôles trouvent-elles leurs idées ? Comment s'y prennent-elles pour créer leurs petites merveilles ? Pour découvrir une de leurs sources d'inspiration et une de leurs « techniques », **lis** le texte que voici.

Rappelle-toi ce que tu sais à propos des marqueurs de relation. PAGE 251

Comment fais-tu pour comprendre le sens des marqueurs de relation ? Partage tes connaissances.

Garder son sang-froid

[...] Anthony est le suivant. Invité par l'infirmière, il s'avance. Il a le teint verdâtre d'un fruit pas mûr, un peu comme des pommes dans lesquelles il pourrait tomber d'ici peu.

— Où est la civière ? Si je perds conscience, j'aimerais savoir sur quoi je vais me réveiller...

— Ne t'inquiète donc pas, tu peux dormir sur tes deux oreilles, lui dit Sylvie, un sourire dans la voix.

Anthony a pris place sur la chaise. Il lui tend sa fiche d'autorisation de vaccination. Mais comme il ne veut pas la lâcher, elle doit presque la lui arracher.

— Tu es droitier, Anthony ? Alors, on va piquer l'autre bras, dit Sylvie.

— Mais je suis gaucher aussi, reprend Anthony. Je suis ambidextre. Des journées, je suis plus gauche de la droite ou plus adroit de la gauche. Ça dépend de quel pied je me lève. Si c'est le pied droit, alors...

— Bien, nous allons prendre le gauche, annonce-t-elle, en y appliquant un tampon humide.

— Attendez ! Vous connaissez le dicton : *Mieux vaut prévenir que guérir*... Je suis prévenu, donc... je peux m'en aller.

L'infirmière lui sourit.

— Tu sais que c'est la première fois que je l'entends celle-là… Alors, on y va, mon petit comique. Tu ne sentiras presque rien.

— Je ne sentirai presque rien ? C'est vous la petite comique… Vous allez m'endormir avant de me piquer ? Est-ce que je vais perdre beaucoup de mon sang-froid ? Est-ce que toute ma vie va se dérouler au ralenti devant mes yeux ?

— Non, non et non, répond patiemment Sylvie, plantant l'aiguille dans le bras d'Anthony.

Elle injecte une toute petite quantité du liquide clair.

— Voilà, c'est terminé, dit-elle.

Il bondit de sa chaise comme un ressort qui se détend. Visiblement soulagé, il s'incline avec panache, en un salut théâtral.

— Merci, vous avez mis du piquant dans ma journée, madame.

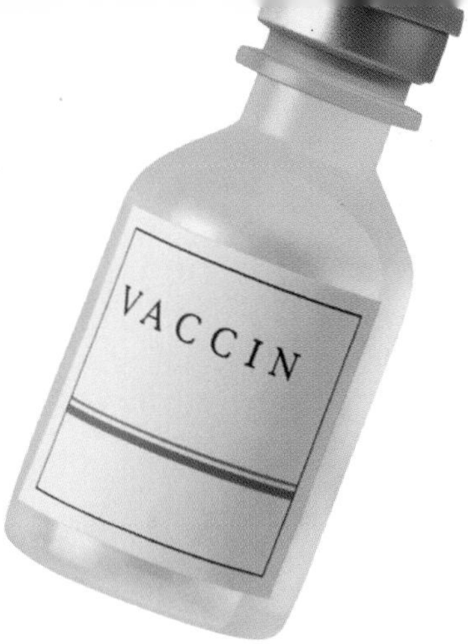

Et Anthony se dirige vers les autres élèves qui attendent en ligne dans le couloir. Il se frotte le bras et grimace :

— Bon courage… Ça fait mal, très mal même… leur dit-il avec de faux sanglots dans la voix.

Tiré de Alain M. Bergeron, *Mineurs et vaccinés*, Saint-Lambert, Soulières Éd., Alain M. Bergeron et Sampar, 2002, p. 54-59. (coll. Ma petite vache a mal aux pattes)

Récapitule cette histoire.

Discute du texte avec quelques camarades.

- En quoi te reconnais-tu dans cette histoire ?
- Que penses-tu du comportement du personnage principal ? À sa place, comment aurais-tu réagi ?
- Que serait-il arrivé à l'histoire si le personnage principal n'avait pas eu peur ?

Enrichis ton bagage culturel : échange avec tes camarades quelques titres d'œuvres amusantes (films, livres, etc.) et inspirées du quotidien.

L'avais-tu remarqué ?

Plusieurs créateurs d'histoires drôles s'inspirent du quotidien.

Pour faire rire, certaines de ces personnes utilisent la technique qui consiste à grossir un événement banal, mais inquiétant pour beaucoup de gens. Dans ces histoires, ce sont souvent les réactions exagérées des personnages qui font sourire.

Créatividées

Dresse une liste de quelques petits événements inquiétants (comme voir une araignée) ou embarrassants (comme porter deux souliers différents) qui pourraient t'inspirer.

chantier 2

Tu connais déjà une technique pour créer des histoires drôles. Pour en découvrir deux autres, **lis** les textes ci-dessous.

Quand tu ne comprends pas un marqueur de relation, essaie de le remplacer par un mot ou une expression synonyme (de même sens).
Observe comment cela permet de faire des liens entre les phrases.

La queue de l'ours

Le premier ours de tous les temps avait une belle grosse queue touffue.
Elle était si belle que même Renard en était jaloux !
Mais cette belle queue, Ours l'a perdue.

C'est arrivé en mars. Les lacs étaient encore gelés.
Ours était dans sa tanière, mais s'éveillait un peu.
Il avait faim, très très faim.

•

— Y'a beaucoup trop de neige, les lacs sont encore gelés... J'ai pourtant très très faim.

Alors, Ours décide quand même de partir pour essayer de trouver quelque chose à se mettre sous la dent.

Quoique allégé par sa longue sieste hivernale, Ours avance d'un pas lourd.

Quoique signifie-t-il même si ? J'essaie : Même s'il est allégé par sa longue sieste, Ours avance d'un pas lourd. Oui !

Après quelque temps, il aperçoit Renard qui tient un beau gros poisson dans sa gueule.

— Tiens, bonjour Renard, hummm, ce que tu as un beau poisson, tu sais, j'ai très faim, je m'en contenterais.

— Hé ! hé ! hé ! hé ! hé ! C'est pas compliqué, tu pourras t'en capturer un aussi grand. Allons, suis-moi, je vais t'apprendre moi, comment pêcher.

— Tu peux me donner celui-ci, tu t'en pêcheras un autre, je m'en régalerais maintenant.

— Non, non, allez ! viens ! Suis-moi !

Tandis que signifie-t-il pendant que ? J'essaie : Renard... prend les devants pendant qu'Ours essaie... de le rejoindre. Oui !

Renard, légèrement, prend les devants tandis qu'Ours essaie tant bien que mal de le rejoindre. Puis, il emmène Ours sur un grand lac gelé.

— Aide-moi, nous allons faire un grand trou dans la glace.

Un peu hébété d'abord, Ours le regarde sans trop comprendre. Puis, de ses griffes puissantes, il fait crisser la glace qui casse sèchement sous sa force évidente. Renard, très alerte, gratte vivement le froid cristal et soudain l'eau pure et limpide gicle à la surface, éclaboussant de fines gouttelettes les oreilles et le museau de nos pêcheurs.

— Tiens, assieds-toi et puis fais tremper ta queue dans l'eau. Tu verras, tu prendras de beaux gros poissons, assure Renard.

— Tu crois vraiment qu'en m'assoyant sur la glace et en mettant ma queue dans l'eau je prendrai du poisson ? Tu devrais plutôt me donner le tien et t'en capturer un autre.

— Non ! non ! Allez vite, assieds-toi et mets ta queue dans l'eau. Tu vois ce beau poisson, eh bien ! c'est avec ma belle queue touffue que je l'ai pris. Allez, va ! tu feras la meilleure pêche de ta vie. Surtout il ne faut pas te préoccuper des petits pétillements que tu percevras d'abord : ce seront de tout petits poissons. Laisse-les jouer avec tes poils. Ils inciteront les plus grands à venir. Quand tu sentiras un grand coup, tire très très fort. Tu verras, tu pourras déguster le plus gros poisson que tu n'as jamais vu !

Ours s'assoit, met sa queue dans le trou. Renard, lui, s'enfuit derrière les buissons.

— Ha ! ha ! ha ! [...] Non ! mais vous avez vu ! ha ! ha ! ha ! ha ! le balourd, assis sur la glace, ho ! ho ! ho ! ho ! la queue dans l'eau hi ! hi ! hi ! et il s'imagine qu'il va prendre du poisson [...] !

Pendant ce temps-là, Ours, lui, est toujours assis sur la glace. Le jour se couche lentement. L'air devient de plus en plus froid, et le froid de plus en plus intense. Brrrr ! Brrrr ! Il grelotte, il tremble. Toujours pas de gros poisson au bout de sa queue. Rien sinon que quelques pincements qui ne sont sûrement que de tout petits poissons.

Renard est toujours derrière les buissons. Il rigole, il observe Ours qui grelotte sur le lac.

— Hi ! hi ! hi ! hi ! hi ! hi ! ce qu'il est naïf, ho ! ho ! ho ! Je vais lui jouer encore un meilleur tour. Il appelle les chasseurs.

— Hé ! Messieurs les chasseurs, venez par ici, allez par ici. Je sais où il y a un bel ours pour vous !

De sa petite voix toute rieuse, il répète.

— Un bel ours, bien gras, il est là, voyez, assis sur la glace, la queue qui trempe dans l'eau et il vous attend.

À pas feutrés, chaussés de leurs raquettes à neige, les chasseurs arrivent. Ours est transi de froid sur la glace. Il grelotte. Il tremble. Toujours pas de gros poisson au bout de sa queue.

Zling ! Une flèche frôle le bout de son nez. Ours veut s'enfuir, mais sa queue est prise dans la glace qui s'est reformée par le froid. Son cœur s'affole, il veut partir et zling ! Une autre flèche cette fois-ci lui touche un peu l'oreille.

Si… que signifie-t-il tellement… que ? J'essaie : Il a tellement peur qu'il donne… Oui !

Il a peur, il a si peur qu'il donne un grand coup pour se sauver et réussit à s'enfuir dans la forêt. Mais sa queue, sa queue elle, est restée prise dans la glace.

– Ha ! ha ! ha ! ha ! ha ! ha ! Vous avez vu, vous avez vu l'ours, le balourd, il a perdu sa queue, il a perdu sa queue. Hi ! hi ! hi ! hi ! ho ! ho ! ho !

Car signifie-t-il parce que ? J'essaie : Il se transforme… parce que maintenant les chasseurs… Oui !

Mais son rire devient de plus en plus faible, de moins en moins joyeux. Il se transforme en expression de peur et de crainte, car maintenant les chasseurs se sont retournés contre lui et c'est lui qui est poursuivi pour sa belle queue…

Tiré de Yolande Okia Picard, *Okia te conte, Légendes et récits amérindiens*, Wendake, La Griffe de l'Aigle, 1998, vol. 1, p. 21-29.

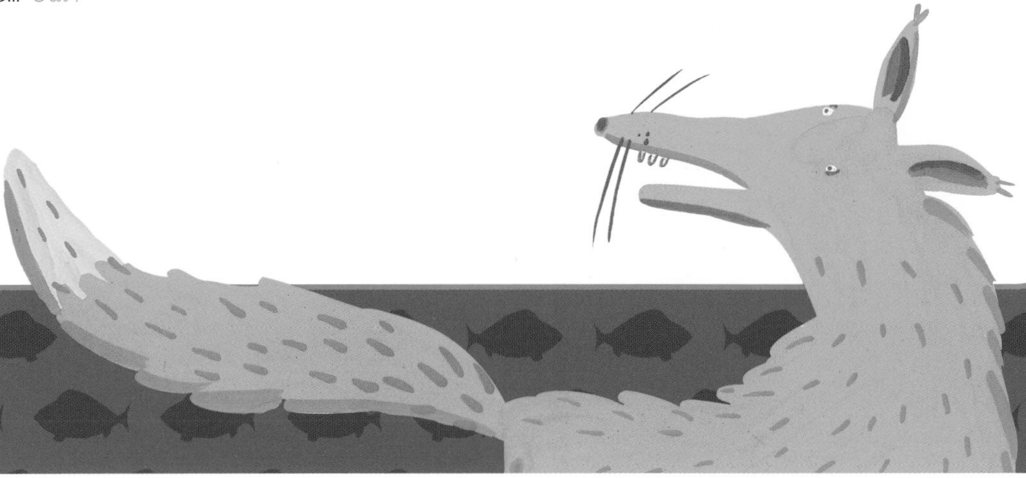

Récapitule cette histoire.

Explique ce qui t'a fait sourire au cours de ta lecture.

L'avais-tu remarqué ?

Ici, l'auteure a choisi la fin surprise de « l'arroseur arrosé » : un personnage fait une chose qui se retourne contre lui.

Fais le plus de liens possible entre les phrases : explique le sens des marqueurs de relation soulignés ci-dessous.

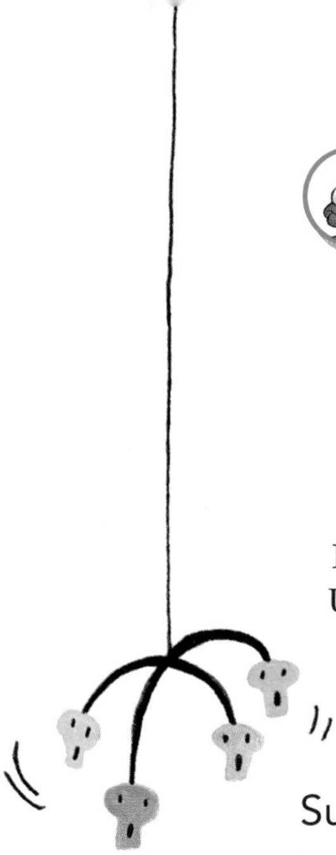

Grattelle au bois mordant

Il était une fois un sorcier et une sorcière qui vivaient dans un vieux château. Une nuit, la sorcière mit au monde une enfant qu'ils prénommèrent Grattelle. Le sorcier et la sorcière firent une grande fête en son honneur. Six sorcières seraient marraines de la petite.

Sur le coup de midi, alors que la fête battait son plein, les sorcières défilèrent devant le berceau de la petite Grattelle et lui jetèrent des sorts.

— Tu seras bossue et couverte de verrues poilues ! dit la première.

— Tes dents seront cariées et tu mordras très fort en plus ! dit la deuxième.

— Tu sentiras très mauvais et toujours on te dira « tu pues » ! dit la troisième.

— Tes doigts seront tordus et griffus ! dit la quatrième.

— Ton nez sera crochu et ton menton fourchu ! dit la cinquième.

Au moment où la sixième sorcière allait jeter son sort, un rayon de soleil illumina le château et une odeur de rose envahit la pièce. Les sorcières se couvrirent les yeux et se pincèrent le nez, et l'une d'entre elles se cacha derrière une colonne.

La reine fée, toute belle et toute blanche, fit son entrée.

— Vous n'avez pas cru bon m'inviter et pourtant je tenais, moi aussi, à offrir un présent à l'enfant nouvellement née.

— On ne veut pas de tes cadeaux. Fous le camp !

Mais avant que les sorcières aient pu l'en empêcher, la reine fée fut près du berceau.

— Petite Grattelle, quand tu auras atteint l'âge de seize ans, tu te piqueras le doigt à une aiguille de machine à coudre et tu deviendras la plus douce, la plus jolie, la plus charmante des princesses. À la mousse toup toup lala tousse pout pout…

Elle toucha le berceau de l'enfant de sa baguette magique et une pluie de pétales de rose descendit sur elle.

— Au revoir, mes chéris ! Amusez-vous bien… dit-elle en s'envolant.

Les parents étaient désespérés, les sorcières du royaume, dégoûtées. C'est à ce moment que la sixième sorcière, sortant de sa cachette, bouscula tout le monde et hurla :

— Hé ! Hé ! Hé ! On se calme ! Je n'ai toujours pas jeté mon sort, moi !

Tous les regards se tournèrent vers elle. Un noir silence envahit la salle du trône. La sorcière s'avança près du berceau, cracha par terre et dit de sa vilaine voix :

— Je ne peux pas défaire ce que la reine fée a souhaité, mais je peux le modifier. Grattelle, quand tu auras atteint l'âge de seize ans, tu te piqueras le doigt à une aiguille de machine à coudre et tu te transformeras en princesse charmante, puisqu'il doit en être ainsi. Mais, dès la nuit tombée, tu redeviendras la sorcière que tu as toujours été. À la pousse pout pout lala tousse pout pout… Hue !

Un vent alors se déchaîna, chassant du coup et les pétales de rose, et l'odeur des fleurs. Une chouette hulula au loin et les festivités reprirent.

Quelque peu rassurés, le sorcier et la sorcière ordonnèrent de détruire sur-le-champ toutes les machines à coudre du royaume sous peine de bisous et de guili-guili.

La petite Grattelle grandit en bêtise et en laideur et fit la joie de ses parents. Chaque jour, on la voyait jouer avec les vers de terre, se rouler dans la boue, patauger dans la mare. Son nez et son menton s'allongeaient et se couvraient de verrues poilues. Avec ses horribles dents pointues, elle mordait tout ce qui bougeait. Ses parents, couverts de bleus, étaient ravis : jamais on n'avait vu plus vilaine petite sorcière à des lieues à la ronde.

Le jour de ses seize ans, Grattelle jouait salement dans le marécage avec les seize crapauds qui ornaient son gâteau d'anniversaire, quand une couleuvre lui passa sous le nez. Elle voulut l'attraper pour en faire une collation, mais la couleuvre disparut rapidement sous une pierre. Grattelle poussa la roche, et quelle ne fut pas sa surprise de découvrir l'entrée d'une grotte !

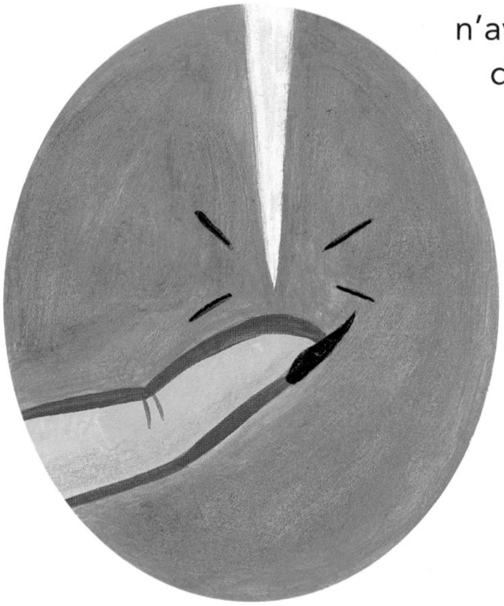

Intriguée, la jeune sorcière s'avança dans le noir. Peu à peu, ses yeux s'habituèrent à l'obscurité et elle distingua, tout au fond, une sorte de table sur laquelle était posé un objet qu'elle n'avait jamais vu auparavant... une roulette, du fil, des fuseaux et une petite chose qui brillait tout au bout. Elle approcha son doigt et se piqua à l'aiguille. Elle sentit une transformation dans tout son être. Ses cheveux devinrent doux, et sa voix, et sa peau. Tout n'était plus que douceur en elle. Elle poussa un cri d'horreur et s'évanouit.

Tiré de Jasmine Dubé, *Grattelle au bois mordant*, Montréal, La courte échelle, 1998.

Fais des liens avec d'autres œuvres : à quel autre conte te fait penser *Grattelle au bois mordant* ? Que sais-tu de ce conte ?

Réfléchis à l'histoire de Grattelle.

- Qu'as-tu trouvé de surprenant ?
- Que serait-il arrivé si Grattelle avait été une princesse au lieu d'une sorcière ?

> **L'avais-tu remarqué ?**
>
> **Pour faire rire, l'auteure a donné à ses personnages des comportements contraires à ceux auxquels les lecteurs s'attendent.**

Fais des prédictions : quel genre d'amoureux plairait à Grattelle ?

créatividées

Dessine le château des parents de Grattelle ou écris un paragraphe pour le décrire. N'oublie pas que les parents de Grattelle forment un couple sorcier, pas un couple princier !

chantier 3

En plus de divertir, à quoi sert l'humour dans les textes ?
Pour t'aider à répondre à la question, **lis** le texte ci-dessous.

Explique le sens des marqueurs de relation soulignés dans les textes des chantiers 3 et 4.

Les malheurs d'une pendulette

Il était une fois une jeune pendule qui ne marquait jamais l'heure exacte. Elle avait toujours une minute de retard.

Son père, un coucou suisse, et sa mère, une jolie horloge de cheminée, avaient essayé de la régler et de lui apprendre la ponctualité : rien à faire. Trois secondes de distraction par-ci, deux secondes par-là et, immanquablement, à la fin de la journée, quand ses parents se mettaient à carillonner à l'unisson les douze coups de minuit, on entendait une petite voix haletante qui s'écriait :

— Attendez-moi… TIC-TAC… je suis en retard… TIC-TAC… mais rassurez-vous… TIC-TAC… je n'en ai que pour une minute… TIC-TAC… TIC-TAC…

On l'envoya chez un horloger. Celui-ci la démonta, vérifia ses rouages et ses ressorts, mais ne décela aucun problème de santé.

— Elle a l'aiguille un peu paresseuse, c'est tout. Rien de grave.

Ses parents se fâchèrent. Surtout son père qui se flattait d'avoir parmi ses ancêtres un chronomètre olympique et le célèbre Big Ben de Londres.

— Ma fille, lui tic-taqua-t-il durement, l'exactitude est la politesse des horloges. Tu es notre honte. Une pendulette qui se traîne la grande aiguille comme toi ne peut que mal tourner. Ta place n'est pas ici. Disparais de ma vue, et tu reviendras lorsque tu marqueras l'heure juste !

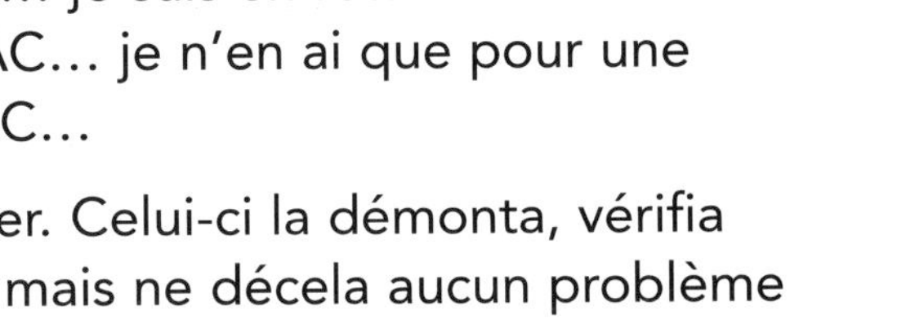

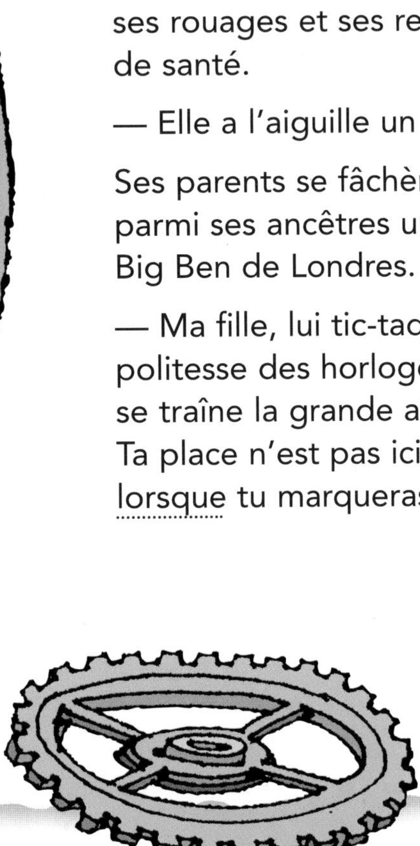

La pauvre petite eut beau présenter soixante fois soixante excuses, son père demeura inflexible.

La pendule se retrouva donc à la rue, abandonnée, sans personne pour la remonter.

Elle alla demander de l'aide à quelques-unes de ses collègues plus âgées : horloges de banque, pendules de gare et de bijouterie – aucune ne prit le temps de l'écouter. Elles n'avaient même pas une minute à lui consacrer.

C'était des horloges très sérieuses ! Des horloges que les hommes, penchés sur leur travail, consultaient cent fois par jour sans qu'elles puissent se permettre le moindre écart.

Que leur importaient les malheurs d'une petite pendule de rien du tout !

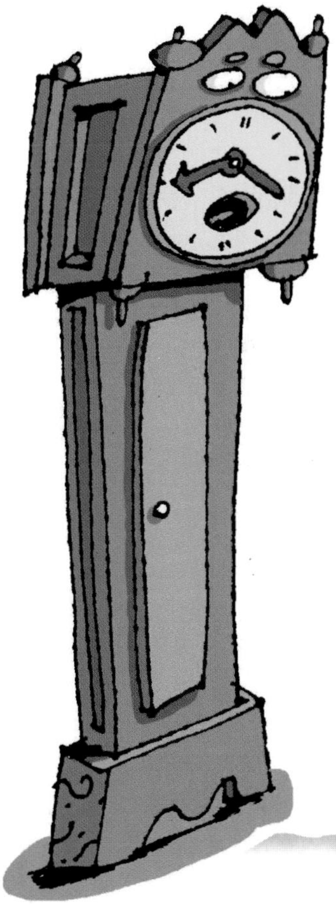

Tiré de Marie-Andrée et Daniel Mativat, *La pendule qui retardait*, Saint-Lambert, Héritage, 1987, p. 5-10.

Fais le tour du début de l'histoire de la petite pendule.

Réfléchis à cette histoire : si la pendulette et ses parents étaient des humains au lieu d'être des horloges, cette histoire serait-elle drôle ? Pourquoi ?

> **L'avais-tu remarqué ?**
>
> **D'abord et avant tout, l'humour divertit. Mais quand il permet de traiter des sujets difficiles à aborder autrement, l'humour fait également réfléchir.**

Dresse une liste d'expressions qui font sourire dans ce texte.

Invente, avec quelques camarades, une suite à l'histoire de la pendulette.

Votre création terminée, jouez-la devant la classe.

chantier 4

Pour faire rire, les auteurs ont un autre tour dans leur sac : les jeux de mots. Pour savourer deux façons de jouer avec les mots, **lis** le texte ci-dessous.

LES MOTS PERDENT LA TÊTE !

PARTIE 1

M. et Mme Robert sont maniaques d'ordre et de propreté : chez eux, tout est à sa place. Mais, au grand désespoir de ses parents, le petit Robert est très désordonné.

Ce jour-là, il cherche sa mallette, son « indispensable fourre-tout où il accumule les bouts de ficelle, les vieux ressorts, les bouchons, les clous tordus, les cadenas sans clés, tout ce qu'il ramasse dans la rue ». Le petit Robert finit par trouver sa mallette dans le haut de l'armoire. Il met un gros dictionnaire sur une chaise et grimpe...

•

Bras tendus, sur la pointe des pieds, il atteint la mallette quand la chaise se met à trembler, vacille et... PATATRAS !... chaise, petit Robert et dictionnaire, tout tombe par terre.

La chaise n'a presque rien, le petit Robert à peine un bleu aux genoux, mais le dictionnaire ! Il y a des mots partout, comme un sac de billes renversé, des noms communs, des noms propres, des mots simples comme « bonjour » et d'autres très compliqués, comme « zygomatique, xérodermie, yttrialite », etc. Catastrophe ! on dirait des insectes grouillant sur le parquet, des chenilles noires qu'on n'ose pas toucher tant elles sont longues et sinueuses. D'autres mots plus courts, comme « ah ! eh ! », sautent, pareils à des puces, dès qu'on veut les attraper. Quelle histoire ça ferait si son père ou sa mère entrait à l'instant dans sa chambre !

Tant bien que mal, Robert ramasse ce qu'il peut et remet tout en vrac entre les pages du dico. Heureusement qu'il n'y a pas de gros mots, il n'aurait jamais pu le refermer. Il reste bien quelques « tétragone, clafoutis, mobylette, alpaga », etc. qui traînent encore par-ci par-là, mais on les utilise tellement rarement que personne ne s'en apercevra.

Fais des prédictions sur la suite de l'histoire : imagine les conséquences de cet incident.

PARTIE 2

Sept heures trente, il a enfin terminé. Ouf ! il était temps. Il vient à peine de glisser à la lettre «D» le gros dictionnaire illustré sur l'étagère que, dans l'entrée, la sonnette se met à tinter. Ce sont les Qwertyuiop qui viennent dîner.

On se serre la main, on s'embrasse, on essuie bien ses pieds et on s'aventure sur le parquet ciré de la salle à manger.

M. Qwertyuiop est un collègue du père de Robert. Il est très grand, très maigre, très noir, avec une petite tête ronde juchée au-dessus de ses épaules comme un point sur un «I». C'est tout le contraire de sa femme, aussi ronde qu'un «O» majuscule en caractère gras.

Avec eux, pas un mot plus haut que l'autre, il faut parler tout bas, comme à l'église.

À présent, tout le monde est installé autour de la table, assis du bout des fesses sur des chaises aussi maigres que de vieilles chèvres. Comme toujours dans ces cas-là, on ne sait pas par où commencer, on pianote du bout des doigts, un peu gêné.

C'est M. Robert qui se jette à l'eau.

— Chérie, si tu servais l'alpaga à nos invités avec quelques ampoules farcies et des tranches de mobylette ?

Mme Robert écarquille les yeux.

— Pardon ?

— Je te demande si tu veux nous servir l'alpaga avec des ampoules farcies et des tranches de mobylette, qu'y a-t-il d'étonnant à ça ?

— Tu peux répéter ?

M. Robert commence à devenir rouge.

— Mais enfin, Arlette, sers-nous l'alpaga, des ampoules et de la mobylette !

— Et pourquoi pas du cerf-volant avec une bonne couche de serpentin ?

— Parce que ça me fait mal au foie, tu le sais très bien.

Le petit Robert regarde ses parents tour à tour. « Aïe, aïe, aïe ! Je n'ai sans doute pas remis tous les mots au bon endroit ! » Mais il est trop tard. Entre son père et sa mère le ton monte.

— Mal au foie, toi !... Tu es capable d'avaler un paillasson entier arrosé de quatre ou cinq lessives !

— Mais qui te parle de paillasson ? Sers-nous donc l'alpaga au lieu de badigeonner n'importe quoi ! Il y a de quoi devenir corne de brume !

— Corne de brume toi-même ! Espèce de... de...

Mme Robert cherche le mot, mais celui-ci a dû rester coincé entre les lames du parquet de la chambre de Robert.

— De... de napperon ! C'est ça, tu n'es qu'un napperon !

Le petit Robert se fait encore plus petit, pas plus gros qu'une punaise enfoncée sur son siège. M. et Mme Qwertyuiop se lancent des coups d'œil embarrassés. M. Robert se lève de table, prêt à éclater.

— Tu n'as pas honte de me traiter de napperon devant nos invités ! Tu ferais mieux d'appeler le plombier, tu as sûrement un rapporteur sous le couvercle !

— Comment oses-tu ! C'est ça, appelons le plombier, on verra qui est le plus galipette de nous deux !

Mme Qwertyuiop tente d'intervenir en toussant dans son poing.

— Je vous en prie, alpaga, paillasson, aucune importance. Mon mari et moi sommes au régime. Un doigt de sparadrap et deux ou trois épuisettes nous font un repas. N'est-ce pas, Jules ?

— Absolument, Julie. Cela dit, je préfère le paillasson de Mme Robert à tes épuisettes.

— C'est la meilleure, celle-là ! La dernière fois tu m'as dit que le paillasson de Mme Robert était bien trop globulaire.

À ces mots, la maman de Robert oublie instantanément la dispute avec son mari et se tourne vers Mme Qwertyuiop.

— Trop globulaire, mon paillasson ?

— Parfaitement, trop globulaire et même un peu gourbi.

— Un peu gourbi ?... Il vaut mieux être bigorneau que d'entendre ça. C'est vrai que quand on se nourrit d'épuisettes interlignes...

— Madame Robert, je ne vous permets pas !...

M. Qwertyuiop lève la main en signe d'apaisement.

— Allons, allons, mesdames, il n'y a pas de quoi se mettre dans un tel clafoutis ! Vous êtes aussi patinettes l'une que l'autre…

— Ah ! ça suffit, Qwertyuiop ! Traitez votre femme de patinette si vous voulez, mais pas la mienne ! Il ne faudrait quand même pas dépasser les brochettes !

À présent, tout le monde est debout et gesticule en postillonnant. Tout le monde sauf le petit Robert qui donnerait tout pour être ailleurs. Les insultes les plus saugrenues commencent à voler au-dessus des têtes : « Tétragone ! Vestibule ! Ripolin ! Papyrus !… » Tant et si bien que les Qwertyuiop reprennent leurs cliques et leurs claques et quittent les Robert sans un au revoir, le menton haut.

Tiré de Pascal Garnier, *Dico dingo*, Paris, Nathan, 1996, p. 13-25.

Relève des comparaisons comiques dans ce texte.

Décris ce qui arrive aux paroles des personnages.

- Cela a-t-il nui à ta compréhension de l'histoire ? Explique.

> **L'avais-tu remarqué ?**
>
> **Dans cette histoire, l'auteur joue avec les mots de plusieurs façons. Entre autres, il fait des comparaisons très drôles et il s'amuse à détraquer le langage en changeant le sens des mots.**

Exprime tes préférences : dis quelle histoire du module est ta préférée et explique ton choix.

créatividées

Imagine que des mots se sont échappés du dictionnaire de ta classe !

Chantier d'écriture

Une histoire *à la manière de...*

Tu veux t'amuser ? Inspire-toi d'une histoire que tu as lue et **écris**-en une à ton tour.

J'écris une histoire drôle
pour en faire un album illustré.
Nous organisons un festival
d'histoires qui font sourire.
J'ai hâte de lire les histoires drôles
de mes camarades !

Analyse la situation.

Réfléchis à ton histoire et à ta manière de travailler.

- Pour qui l'écriras-tu ? Dans quel but ?
- Travailleras-tu sur papier ou à l'ordinateur ?

Prépare le terrain.

Pense à l'organisation de ton texte. PAGE 234

- Rappelle-toi comment tu as écrit ta dernière histoire. Si possible, consulte les traces que tu en as conservées.

Planifie ton histoire.

- Donne-toi des idées et explore-les.
- Choisis ta manière d'écrire : texte à la 1re personne ou à la 3e.
- Choisis le temps de ton histoire : le présent ou le passé.

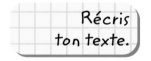

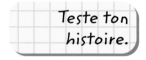

AVEC TES IDÉES,
REMPLIS TA FICHE
«LE TOUR DE MON
HISTOIRE».

Une histoire à la manière de *Garder son sang-froid* PAGE 148

- Trouve un événement banal, mais inquiétant ou embarrassant pour beaucoup de gens: aller chez le dentiste, prendre l'autobus, rater l'autobus, mentir, être coincé dans un ascenseur, manger des huîtres pour la première fois, être en retard, avoir enfilé son chandail à l'envers, avoir fendu son pantalon, avoir taché ses vêtements, oublier le nom d'une personne importante, etc.
- Crée un personnage espiègle et original qui devra faire face à cet événement.
- Imagine les gestes démesurés et farfelus que fera ton personnage pour affronter l'événement. Choisis les deux meilleurs et fais-en les épisodes de ton histoire.
- Trouve une fin drôle et originale.

Écris ton premier jet.

Écris ton histoire comme tu penses qu'elle doit être.

- En cours de route, pense à consulter ta fiche *Le tour de mon histoire*.
- Au fil de ton écriture, relis ce que tu as écrit pour enchaîner la suite.

Tu peux aussi ajouter, au fur et à mesure, les idées qui surviennent.

Teste ton histoire.

Fais lire ton premier jet à une ou à plusieurs personnes.

- Écoute les commentaires et tiens compte des meilleurs.

Récris ton texte.

Réfléchis à des modifications possibles. ENCADRÉ DE LA PAGE 97

Fais lire ton histoire améliorée à une ou à plusieurs personnes, puis apporte les dernières modifications à ton texte.

Termine ton texte.

Corrige ton texte à l'aide de ta *Fiche de correction*.
- Utilise les outils de référence disponibles.

Transcris ton texte au propre ou **imprime**-le.

Diffuse ton histoire, mais gardes-en une copie.

Évalue ton travail d'écriture.

Évalue ta démarche d'écriture.

Demande-toi si tu as atteint ton but avec ce texte.

Fais le point sur l'utilité d'ajouter les idées au fur et à mesure qu'elles surviennent en cours de rédaction.

Garde des traces des étapes de ton travail. Avant d'écrire ta prochaine histoire pour faire sourire, pense à les consulter !

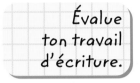

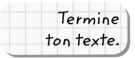

Observe, mesure et calcule, toi aussi.

Deviens spécialiste du temps qu'il fait et du temps qui passe.

Monsieur Météo

Quel temps fait-il, Monsieur Météo ?
De quel côté viennent les nuages ?
Seront-ils fous ? Seront-ils sages ?
Pleuvra-t-il ou fera-t-il beau ?

Dans son bureau, Monsieur Météo
vise le ciel avec sa lunette.
Il voit venir de loin les tempêtes,
grimpé sur un grand escabeau.

Il suit les caprices du vent
en jouant avec des girouettes.
Il soupire en hochant la tête,
penché sur des calculs savants.
[…]

Tiré d'Henriette Major, *J'aime les poèmes*, Montréal, Éditions Hurtubise HMH, 2002.

17 Météo et chrono

D'où vient le vent ? Comment s'explique l'alternance du jour et de la nuit ? MÉTÉO ET CHRONO te fera trouver des réponses à ces questions et à plusieurs autres. Tu auras à résoudre des problèmes et à utiliser des méthodes de travail efficaces. De plus, tu continueras à faire des liens entre les phrases et tu écriras un texte à consignes.

Réagis à la carte d'exploration ci-dessous et **active** tes idées.

- Quelles questions te poses-tu sur le temps qu'il fait et le temps qui passe ?

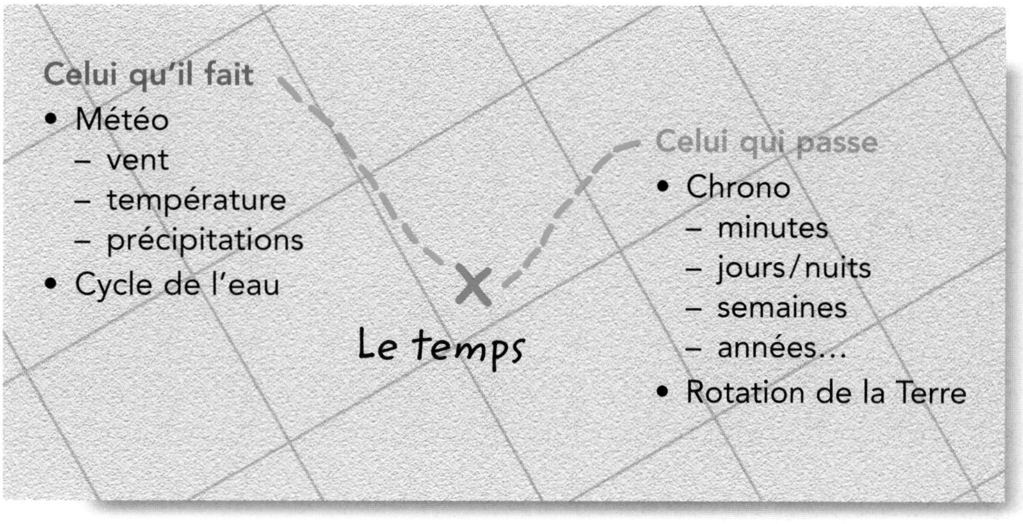

QUAND IL FAIT CHAUD, JE CHANGE DE RYTHME.

Planifie un projet pour te familiariser avec la météo ou le passage du temps.

Réalise-le et **présente**-le.

PISTES ET IDÉES

- Construire plusieurs instruments d'une station météo.
- Réaliser une maquette pour expliquer la rotation de la Terre.
- Faire des relevés météo et rédiger des bulletins météorologiques.

chantier 1

Comment réagis-tu quand la météo n'est pas à ton goût ? Pour découvrir une manière originale de le faire, **lis** le texte ci-dessous.

Utilise tes stratégies pour faire des liens entre les phrases.
- *Demande-toi ce que remplacent les substituts soulignés.*
- *Remplace chacun des marqueurs de relation encadrés par un synonyme.*

Lettre à monsieur le Temps

Myriam Kirale
Chemin des Bois
70210 Polaincourt

Monsieur le Temps
La Croisée des Quatre-Vents
Au Ciel

Polaincourt, le 15 juin

Bonjour Monsieur le Temps,

Monsieur le Temps, je ne suis pas contente de toi et de ta famille. Vous devez avoir la tête à l'envers car il y a des jours où vous faites tout de travers ! La semaine dernière ma mère avait prévu une journée pique-nique au bord de la rivière. En plein mois de juin, un samedi, il ne devait pas y avoir de surprise. Ton fils le Soleil souriait de tous ses rayons.

Pourquoi as-tu attendu qu'elle ait tout déballé pour ouvrir sur nos pauvres têtes toutes les vannes du ciel ?

En nous voyant revenir à la ferme, Grand-Père nous a demandé si nous avions pique-niqué au bord ou dans la rivière.

Ne ris pas monsieur le Temps, ma robe était toute fripée et mes cheveux tout collants, j'étais toute moche.

Je constate souvent, hélas, que tu nous envoies ton fils le Soleil quand je suis en classe et que tu le remplaces par ta fille la Pluie quand je suis en récréation avec mes copines. Tu le fais exprès pour nous contrarier !

C'EST LA GOUTTE D'EAU QUI FAIT DÉBORDER LE VASE.

Il faudrait que tu revoies l'éducation de ton voyou de fils le Vent, il souffle à tort et à travers celui-là. L'autre jour il a soulevé ma jupe, ce malpoli ! Il ne vaut pas mieux que les deux autres. Et puis je viens d'en apprendre une bonne sur vous tous, monsieur le Temps ! Ma copine Soraya m'a dit qu'il y a des pays d'Afrique où ta fille la Pluie ne va jamais. Les gens meurent de faim parce que ton fils le Soleil brûle les cultures et fait évaporer toute l'eau ! Qu'attends-tu pour y mettre bon ordre, en envoyant ta fille la Pluie pour qu'elle abreuve ces pays et ces gens plutôt que de rester ici à nous inonder ? Les cultures d'Afrique ont plus besoin d'elle que nous !

Je ne l'aime pas ta fille, monsieur le Temps. Je te prie de l'envoyer voir ailleurs si j'y suis pendant les vacances.

Tiré de Noëlla Lecomte, *Boîte à lettres*, Éd. Grasset & Fasquelle, 1998, p. 35-36.

Montre ta compréhension du texte en répondant à quelques questions.

Explique comment tu t'y prendras pour vérifier l'exactitude de tes réponses.

créatividées

À toi d'écrire une lettre ! Deviens monsieur le Temps et réponds à Myriam.

Chantier 2

D'où viennent la pluie et les nuages ? Pourquoi y a-t-il toujours de l'eau dans les rivières ? Pour répondre à ces questions et comprendre le cycle de l'eau, **lis** le texte ci-dessous, **observe** l'illustration et **fais** le *Laboratoire*.

Continue de t'exercer à faire des liens pour mieux comprendre les phrases que tu lis.

Le cycle de l'eau

Si tu penses que l'eau qui coule de ton robinet est fraîche, détrompe-toi ! Cette eau se promène sur la terre, dans l'air et dans les nuages depuis l'époque des dinosaures ! Sur la Terre, c'est toujours la même eau (et en même quantité) qui circule au cours de ce qu'on appelle le cycle de l'eau.

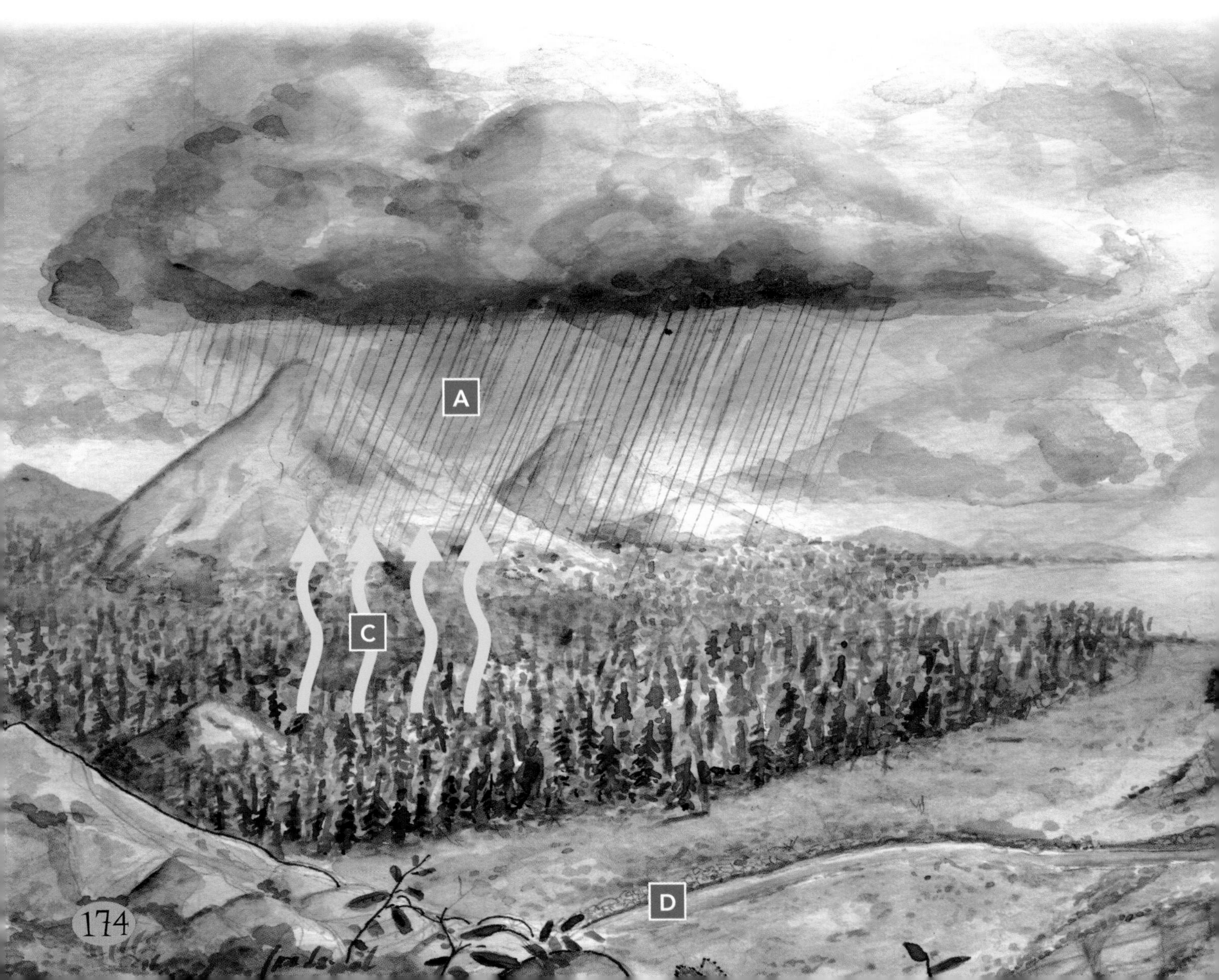

Monter au ciel

Tu l'as déjà remarqué, après une averse, l'eau des flaques finit par disparaître. En réalité, cette eau ne disparaît pas vraiment. Chauffée par le Soleil, elle se transforme plutôt en vapeur d'eau et s'élève dans l'air : c'est l'**évaporation**. Ce phénomène se produit également avec l'eau de la surface des océans, des lacs et des fleuves. Les plantes aussi rejettent beaucoup de vapeur dans l'air par **transpiration**. Il y a ainsi des millions de tonnes de vapeur d'eau invisible dans l'air.

Devenir nuage

Dans l'air, la vapeur d'eau refroidit et se change en fines gouttelettes : c'est la **condensation**. En se regroupant, les gouttelettes forment des nuages.

Revenir sur Terre

Les nuages, formés de fines gouttelettes et de très fins cristaux de glace, restent suspendus dans l'air jusqu'à ce que les gouttelettes deviennent trop lourdes pour flotter dans l'air. Elles tombent alors sous forme de **précipitations** : pluie, grésil, grêle ou neige, selon la température près du sol.

Remonter **au ciel** ou voyager...

Une partie de l'eau qui tombe sous forme de pluie ou de neige s'évapore et retourne dans l'air. Une autre partie ruisselle, pénètre dans le sol et forme des nappes d'eau souterraines. À certains endroits, l'eau souterraine sort du sol sous forme de sources. Ces sources forment les ruisseaux, les lacs, les rivières, les fleuves et les océans. Ce voyage que l'eau effectue du sol jusqu'à l'océan s'appelle le **ruissellement**.

Et puis tout recommence sans jamais, jamais s'arrêter.

Laboratoire

Le cycle de l'eau... dans un terrarium

Réalise le montage ci-dessous afin de recréer le cycle de l'eau.

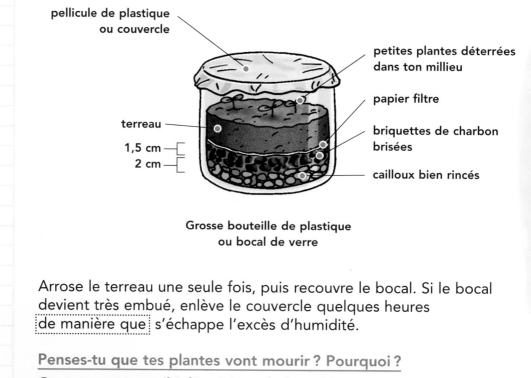

Grosse bouteille de plastique ou bocal de verre

Arrose le terreau une seule fois, puis recouvre le bocal. Si le bocal devient très embué, enlève le couvercle quelques heures de manière que s'échappe l'excès d'humidité.

Penses-tu que tes plantes vont mourir ? Pourquoi ?

Que se passera-t-il à l'intérieur du bocal ?

Fais des liens entre le texte et le *Laboratoire*.

- Qu'est-ce que le *Laboratoire* t'a permis d'observer plus particulièrement ?

Montre ta compréhension du cycle de l'eau : associe chacun des mots présentés en gras dans le texte à une partie de l'illustration.

chantier 3

Quels phénomènes météorologiques connais-tu ? Comment les mesure-t-on ? Pour voir comment un événement naturel peut modifier les habitudes de vie, **lis** les textes ci-dessous. Ensuite, pour mieux connaître deux des outils de mesure des météorologues, **fais** les *Laboratoires* de ce chantier.

Pour faire le lien entre deux phrases, il faut parfois imaginer un marqueur de relation entre les deux. Observe comment cela permet de lier les phrases placées entre crochets dans le texte.

LE GRAND VERGLAS DE 1998

Entre le 5 et le 10 janvier 1998, d'importantes quantités de pluie verglaçante tombent sur une bonne partie du Québec. Dans certaines régions du sud de Montréal, plus de 100 mm de glace lisse recouvrent le paysage ! Des témoignages basés sur des faits réels illustrent comment cette catastrophe naturelle a modifié le quotidien des gens et l'activité économique.

UN CONGÉ D'ÉCOLE FORCÉ !

Je m'appelle Aïcha Khaleb et j'habite Montréal. Du 6 au 19 janvier 1998, on a eu congé d'école. Au début, c'était drôle. Mais après quelques jours, je m'ennuyais. Je ne voyais plus mes amis, le téléphone ne fonctionnait pas, la télévision non plus. La rue et les trottoirs étaient de véritables patinoires. Après la pluie, il a fait très froid et nous avons continué de manquer d'électricité. [Ma famille a déménagé dans un centre d'hébergement. Il faisait trop froid pour rester à la maison.]

La deuxième phrase explique pourquoi la famille a déménagé. Pour lier ces phrases, j'ajoute parce que*: Ma famille a déménagé...* parce qu'*il faisait trop froid... Ça marche !*

Chronologie des moments marquants de la pluie verglaçante qui a paralysé le Québec

Marie-France Léger
La Presse, 5 janvier 2003

5 janvier 1998
Les premières averses surprennent. On les prend avec un grain de sel même si les spécialistes annoncent davantage d'eau glacée au cours des jours suivants.

6 janvier
En raison du verglas, 759 000 foyers sont privés d'électricité à Montréal, en Montérégie, dans le centre du Québec et en Outaouais.

Essaie d'imaginer quel marqueur de relation pourrait lier les phrases entre crochets ci-dessous.

DU BÉTAIL EN PÉRIL

Je m'appelle Fernand Comeau et j'ai une ferme laitière. Les vaches, il faut les traire régulièrement pour qu'elles restent en santé. Quand on a manqué de courant, j'ai loué des génératrices pour faire fonctionner mes postes de traite mécanisés. [Mais j'ai dû jeter mon lait! Les usines de traitement du lait manquaient de courant elles aussi.] De toute façon, les camions transportant le lait ne pouvaient même pas circuler. Au moins, mes vaches ont survécu. Mon beau-frère, lui, a perdu des dizaines de porcs.

DES VAGUES DANS LA VENTE AU DÉTAIL

Moi, je suis Nicole Plante, une commerçante de Saint-Hyacinthe. Pendant le verglas, je me souviens que les gens achetaient surtout des objets de première nécessité. [Dans les régions touchées, les pharmacies, les épiceries et les quincailleries ont connu une hausse des ventes. Les fleuristes, les magasins de vêtements, les magasins de meubles et les concessionnaires d'automobiles ont vécu une période difficile.]

Pylônes électriques après la tempête, Sainte-Julie (Québec).

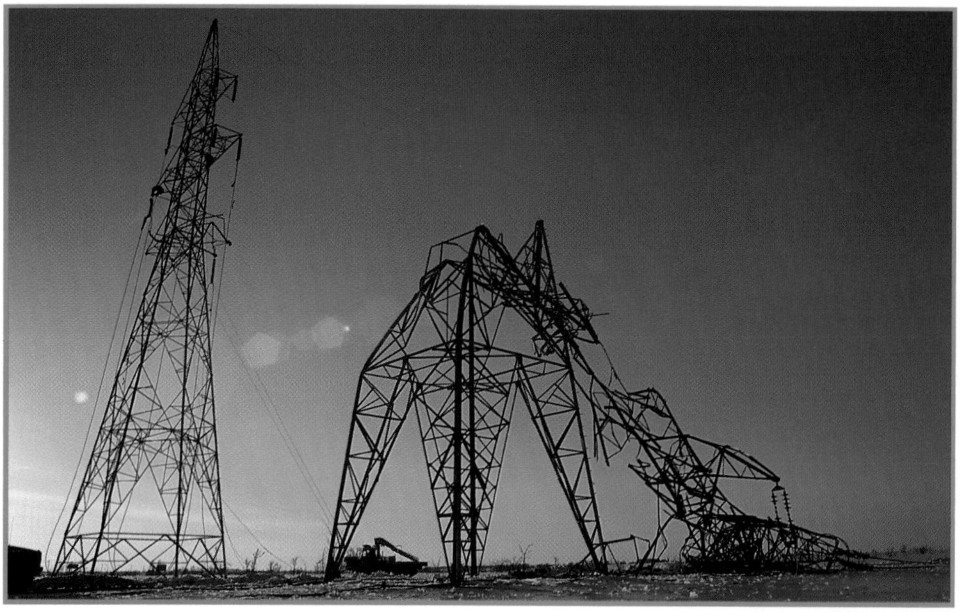

Le spectacle est désolant: pylônes électriques effondrés, fils électriques sectionnés, arbres saccagés... Le réseau électrique est tellement endommagé que des millions de personnes sont privées d'électricité. Dans certains cas, les pannes durent plus d'un mois.

7 janvier
La Montérégie s'éteint. Il n'y a plus d'alimentation des lignes entre Boucherville et Saint-Césaire et 300 000 personnes sont privées d'électricité. Le territoire touché est immense: il va de l'est de la rivière Richelieu jusqu'à Bromont et Cowansville, aux portes des Cantons de l'Est, et de la frontière du Vermont jusqu'au nord de Saint-Hyacinthe.

9 janvier
Le vendredi noir. [On coupe une partie de l'électricité dans le centre-ville et on paralyse le métro pour permettre l'alimentation des usines d'eau potable. L'île de Montréal était sur le point de manquer d'eau.] Le nombre de foyers privés d'électricité atteint 1 400 000 au Québec, soit 4 millions de citoyens.

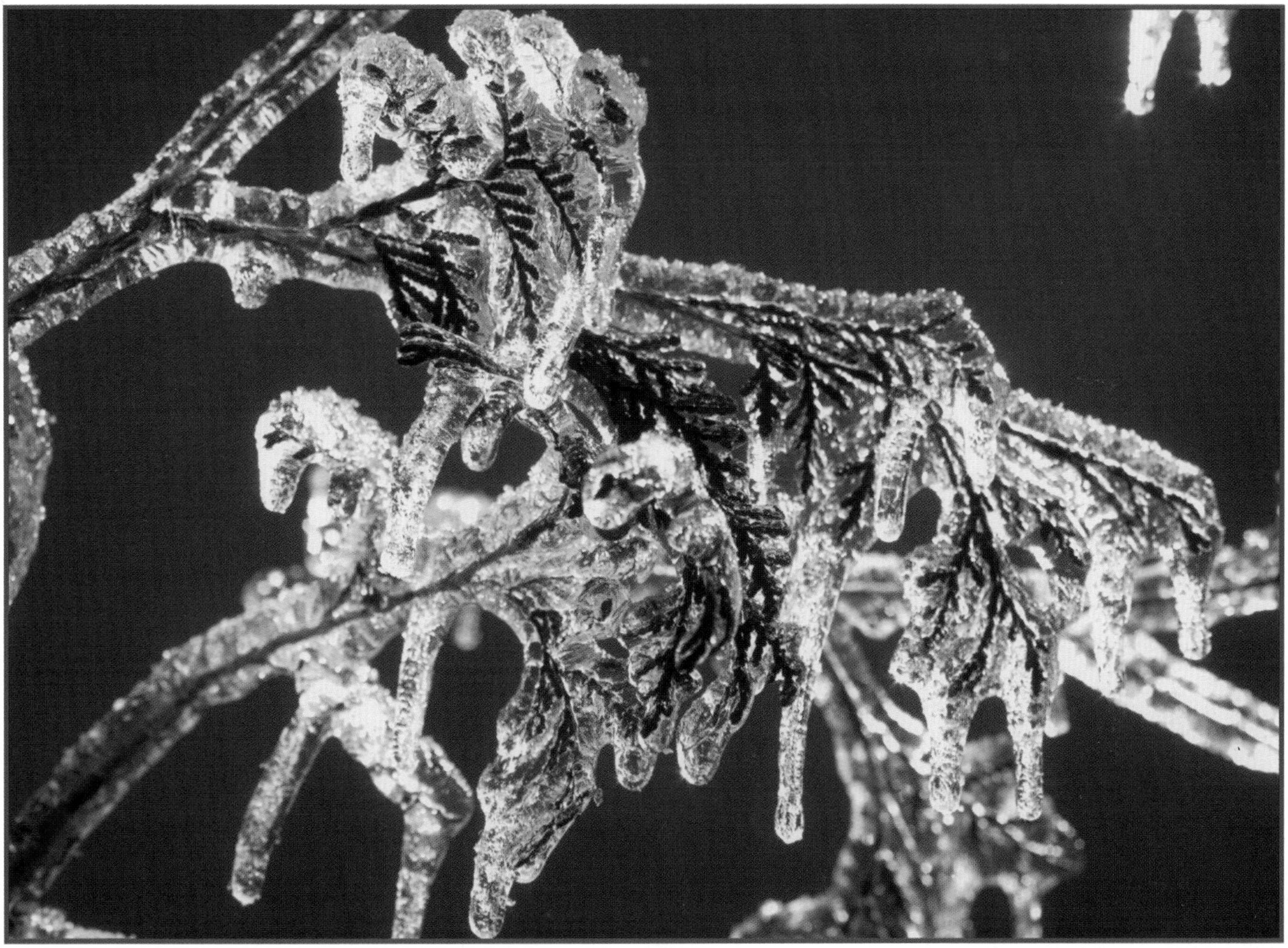

DES INTERRUPTIONS DE PRODUCTION

Je me nomme Ian Singh et je possède une usine en Montérégie. À cause des coupures de courant, elle a été fermée pendant quelques semaines. [Quand le courant a été rétabli, nous n'avons pas pu reprendre nos activités tout de suite. Plusieurs de nos employés étaient encore privés d'électricité et ne pouvaient venir travailler.] Les pertes financières ont été énormes.

DES MILITAIRES À LA RESCOUSSE

Je me nomme Mary Shaw et je suis militaire. Pour ma part, j'ai participé à la mise sur pied de centres d'hébergement. Il fallait distribuer de tout: nourriture, lits de camp, couvertures, brosses à dents, etc. Mon mari, militaire lui aussi, a participé au nettoyage de routes bloquées par des arbres et au rétablissement du réseau électrique. Au total, les opérations de soutien des Forces armées canadiennes ont coûté environ 60 millions de dollars!

12 janvier
L'armée intervient et dépêche 12 000 militaires dans 50 municipalités pour prêter main forte aux autorités locales. C'est le plus grand déploiement de son histoire en temps de paix.

UN EXEMPLE DE SOLIDARITÉ

Je suis Charlotte Pétry et j'habite Sherbrooke. [Pendant la crise du verglas, j'ai été chanceuse. Chez moi, l'électricité n'a pas manqué.] J'ai contacté les autorités pour leur faire savoir que je pouvais héberger une famille de trois personnes. Pendant huit jours, les Perez ont logé chez moi. L'expérience a été très enrichissante et, en prime, j'ai appris quelques mots d'espagnol !

14 janvier
Opération sécurité. 500 000 foyers sont toujours privés d'électricité. La Sûreté du Québec, l'armée, la Gendarmerie royale du Canada et les bénévoles s'unissent pour rendre visite aux sinistrés, les rassurer ou les évacuer.

21 janvier
Les militaires commencent à se retirer. Les derniers quittent définitivement la Montérégie le 8 février.

7 février
Rétablissement complet du service d'Hydro-Québec. [...]

Laboratoire

Le pluviomètre

Fabrique un pluviomètre pour mesurer des quantités d'eau de pluie.

Tous les jours, vide l'eau recueillie dans un récipient gradué et note la quantité obtenue en millimètres.

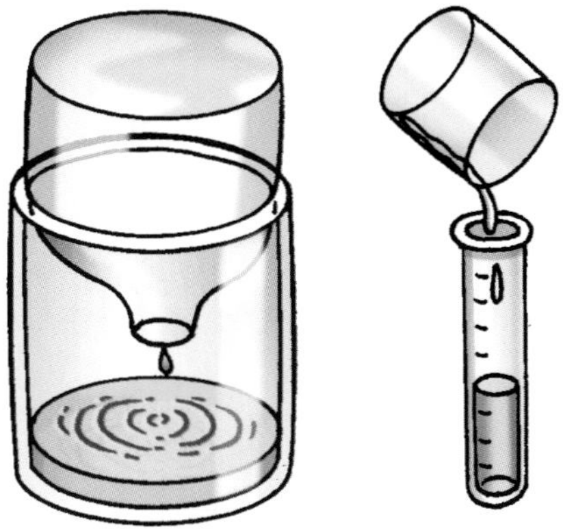

Le savais-tu ?

Depuis quelques décennies, les catastrophes naturelles ont fait plus de dégâts au Québec qu'ailleurs au pays. En 1996, la région du Saguenay était ravagée par un déluge.

Laboratoire

Découvre le thermomètre

Comment peux-tu faire monter le liquide dans un thermomètre ?

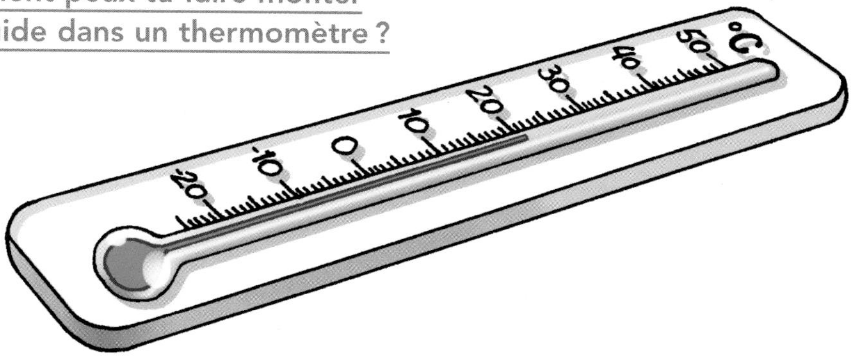

Un thermomètre donne-t-il la même température extérieure
à l'ombre et au soleil ?
au sol et à une certaine distance du sol ?

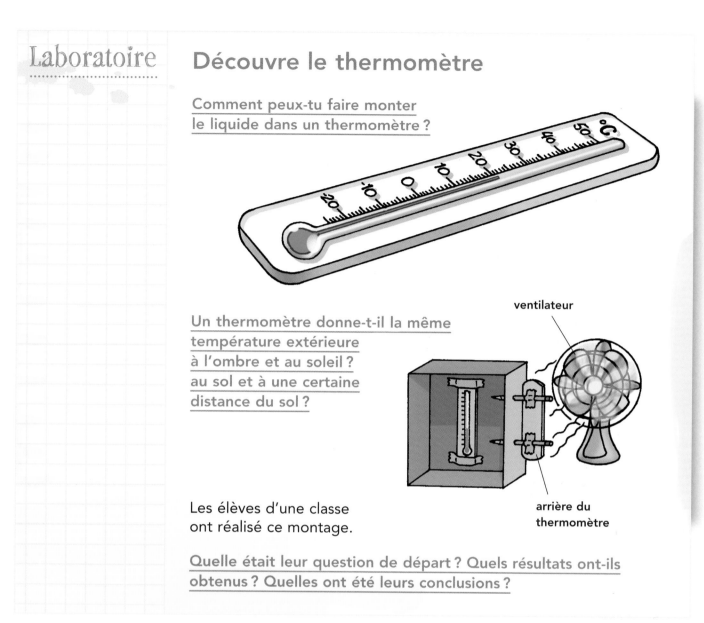

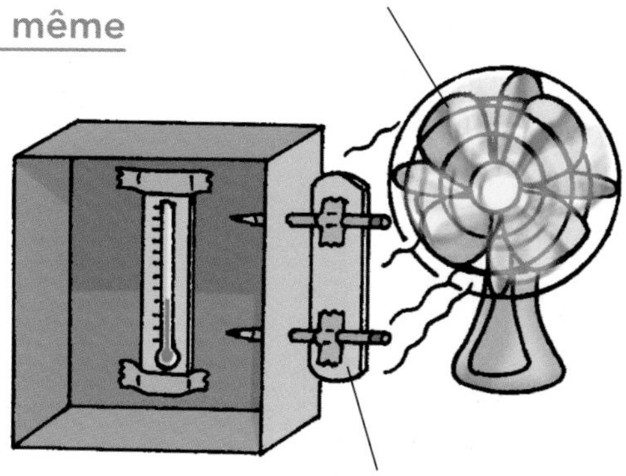

Les élèves d'une classe ont réalisé ce montage.

Quelle était leur question de départ ? Quels résultats ont-ils obtenus ? Quelles ont été leurs conclusions ?

Fais le point sur la stratégie «imagine un marqueur de relation pour lier des phrases» et sur la nécessité de connaître plusieurs stratégies pour faire des liens entre les phrases.

Montre ta compréhension des *Laboratoires*.

- Que devais-tu faire dans chacun d'eux ? Comment as-tu procédé ?
- Quelles difficultés as-tu éprouvées ? Comment les as-tu surmontées ? Qu'est-ce que tu as appris ?

Dis ce qui t'étonne le plus à propos du grand verglas de 1998.

Prépare un questionnaire pour interroger des gens qui ont vécu la tempête de verglas en 1998.

Il y a le vent des poètes et celui des scientifiques. Le premier inspire des tourbillons de mots, le second soulève toutes sortes de questions ! Pour les connaître un peu mieux tous les deux, **lis** les textes que voici, puis **fais** le *Laboratoire*.

Le vent

Vent, vent,
d'où viens-tu ?
Vent, vent,
où vas-tu ?
Vent, vent
m'entends-tu ?

Vent, tu m'affoles
Vent, ta farandole
dépeigne les herbes folles.
Vent qui vire, vent qui vole,
vent qui vente,
vent qui chante,
vent qui tourne et vent qui danse,
joli vent, bon vent,
vent aux parfums enivrants,
emporte-moi dans ta ronde,
emmène-moi autour du monde !

Tiré d'Henriette Major, *J'aime les poèmes*, Montréal, Éditions Hurtubise HMH, 2002.

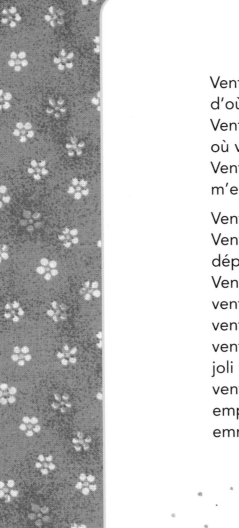

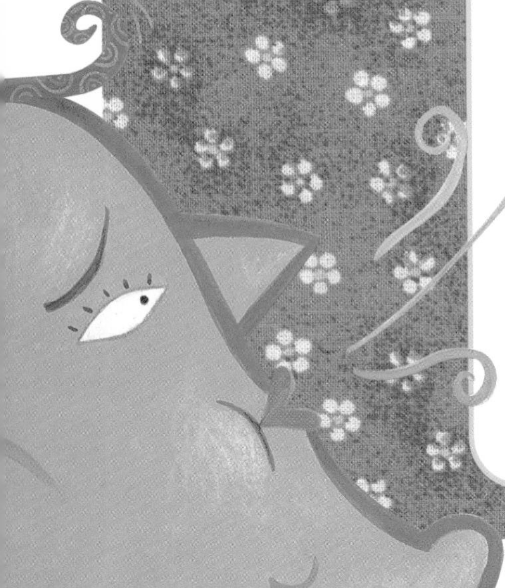

Le vent

Où est-il donc le vent
Que je le prenne
Que je l'emmène
Le vent du nord
Le vent qui mord
Le vent qui défait tes cheveux
Le vent qui vire tout à l'envers
Qui éparpille nos adieux
Aux quatre coins de l'univers
Dans la neige en hiver
Et l'été dans le vert de nos gazons...

Le vent qui sème la tempête
Et qui affole la raison
Et qui fait les quatre cents coups
Et qui fait les quatre saisons [...]

Le vent qui fait claquer ma porte
Le vent que le diable l'emporte
Au plus profond de ses enfers
Et qu'il emporte ma chanson

Extrait de George Dor, *Poèmes et chansons d'amour et d'autre chose*, Montréal, Leméac, 1991. (coll. Bibliothèque Québécoise)

Donne ton opinion : dis lequel des deux poèmes tu préfères et explique ton choix.

Grand vent

Le vent est essentiel à la vie. En effet, sans lui, les nuages seraient immobiles et nous ne recevrions jamais de pluie. De plus, la chaleur tropicale ne pourrait jamais venir jusqu'ici, ce qui rendrait nos régions trop froides pour être habitées. Vive le vent !

Comment naît le vent ?

Le vent est un phénomène causé par les déplacements d'air chaud et d'air froid. Au-dessus des régions chaudes de la Terre, l'air se réchauffe au contact du sol et de la mer. Plus léger, il s'élève alors vers le ciel. De l'air froid vient ensuite combler le vide laissé par l'air chaud envolé. C'est ce mouvement de l'air qui donne naissance au vent.

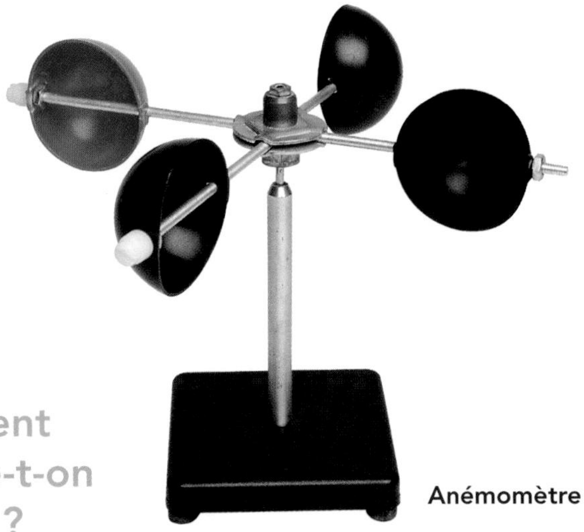

Anémomètre

Manche à air

Comment mesure-t-on le vent ?

On mesure la direction et la vitesse du vent à l'aide de différents appareils. La direction du vent est donnée par une manche à air ou une girouette. Sa vitesse est mesurée par un anémomètre, une sorte de petit moulin qui tourne grâce au vent. Pour connaître la vitesse du vent, on mesure la vitesse à laquelle tourne le petit moulin.

Le vent exerce-t-il une influence sur la température ?

Les vents dictent les mouvements des nuages qui entraînent à leur tour des changements dans le temps. C'est pourquoi la direction du vent est si importante pour faire des prédictions météorologiques. Les vents sont décrits par leur nom, par leur direction et par leurs effets. Le *nordet*, par exemple, est un vent du nord. Il annonce du temps froid. Un vent qui souffle du sud annonce du temps nuageux et des précipitations. La légère brise qui vient de l'ouest annonce, au contraire, du beau temps.

Le vent rend aussi le froid plus difficile à supporter. On parle alors de refroidissement éolien. S'il fait –10 °C, par exemple, et que le vent souffle à 40 km/h, cela donne l'impression qu'il fait –18 °C.

Le savais-tu ?

En Gaspésie, il vente souvent très fort. À certains endroits, ce vent est utilisé pour faire tourner les pales d'éoliennes géantes de façon à produire de l'électricité. Les 133 éoliennes du parc Le Nordais alimentent 10 000 résidences de Cap-Chat en électricité.

Laboratoire

Une girouette maison

Dresse la liste du matériel nécessaire.

Fabrique une girouette pour connaître la direction du vent.

1. Place un petit pot à fleurs à l'envers sur un carton.
2. Glisse un crayon à mine dans le trou du pot et stabilise-le avec de la pâte à modeler.
3. Découpe les deux parties d'une flèche dans du carton et fixe-les aux extrémités d'une paille.
4. Pique une punaise au milieu de la paille.
5. Enfonce ta punaise dans la gomme à effacer du crayon.
6. Utilise une boussole pour indiquer les points cardinaux sur la base en carton.

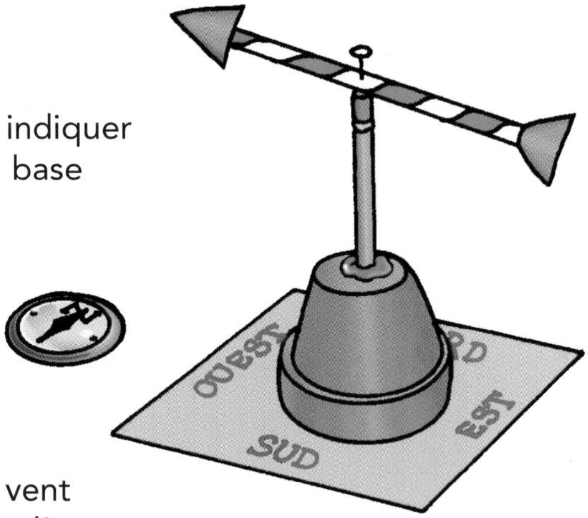

Attention ! La flèche indique **d'où vient le vent**. Ainsi, un vent d'ouest souffle de l'ouest vers l'est.

Montre ta compréhension du texte en répondant à quelques questions.

Réfléchis à ta manière de travailler dans le *Laboratoire*.

- De quel matériel as-tu eu besoin pour construire ta girouette ?
- Dans quel ordre as-tu suivi les consignes de fabrication ? Pourquoi ?
- Qu'est-ce qui t'a été le plus utile : l'illustration ou les consignes de fabrication ? Pourquoi ?

Fais des liens avec la vie de tous les jours.

- Où as-tu déjà vu des manches à air et des girouettes ?
- Nomme des activités pour lesquelles il faut connaître la vitesse et la direction du vent.

Exprime tes préférences.

- Préfères-tu aborder le vent du point de vue des poètes ou de celui des scientifiques ? Pourquoi ?

chantier 5

Pourquoi y a-t-il des jours et des nuits ? Qu'est-ce qui détermine leur durée ? Le Soleil se déplace-t-il au cours d'une journée ? Pour le savoir, **lis** le texte. Mais avant, remplis un guide de prédiction.

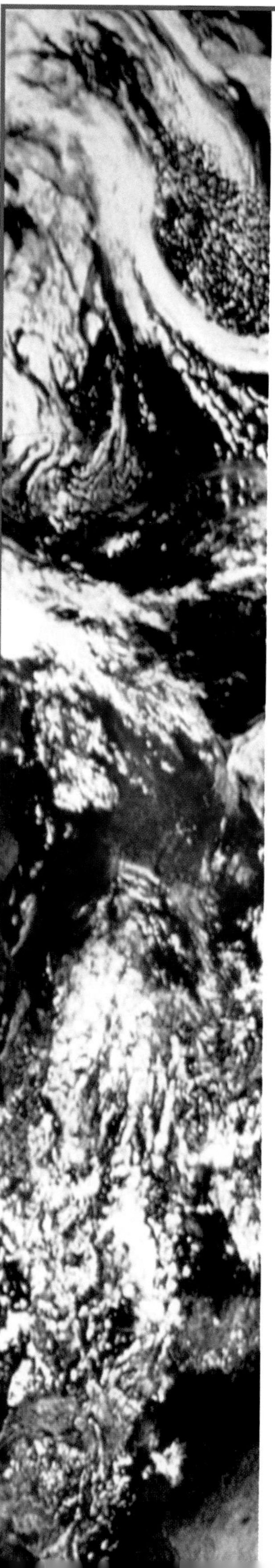

La Terre tourne…

Même si tu ne le sens pas, la Terre tourne à une vitesse vertigineuse. Et cette rotation de la Terre explique beaucoup de choses !

sur elle-même

La Terre est une boule qui tourne sur elle-même comme une énorme toupie penchant un peu d'un côté. Elle effectue une rotation, c'est-à-dire un tour complet sur elle-même en 24 heures. C'est ce mouvement qui provoque l'alternance du jour et de la nuit.

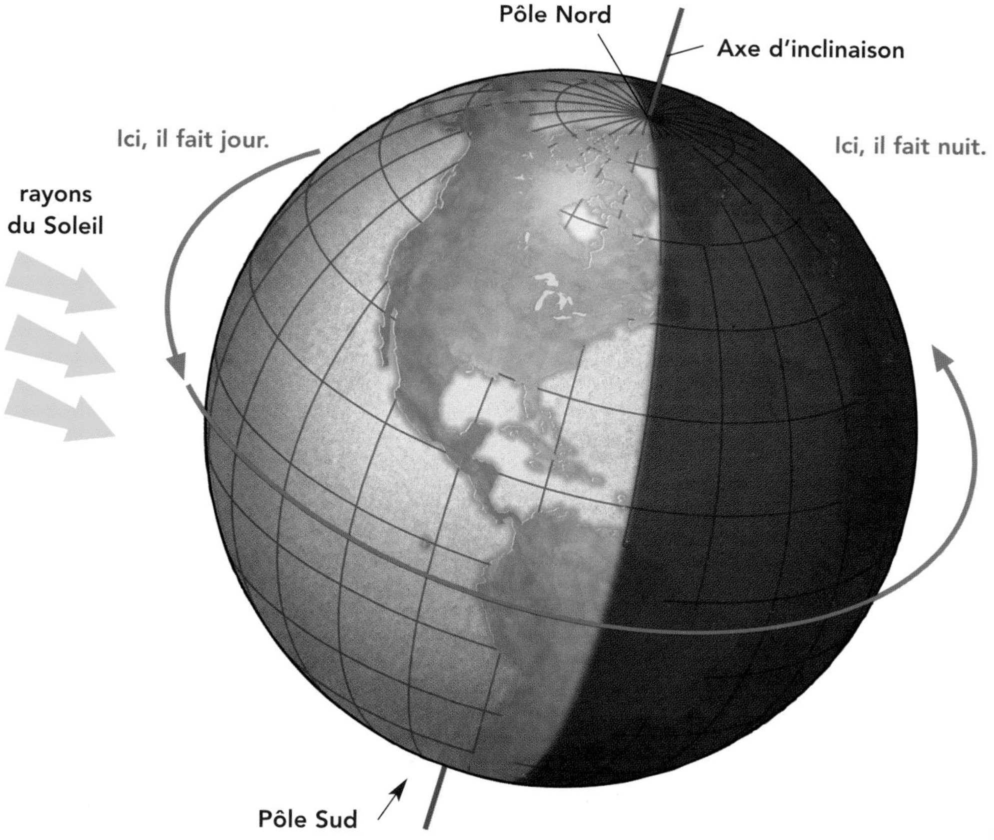

À midi, nous sommes face au Soleil et il fait jour. (Au même moment, d'autres régions de la Terre ne voient pas le Soleil; pour elles, c'est la nuit). Douze heures plus tard, à minuit, il fait nuit; la Terre a fait un demi-tour et le Soleil n'est plus visible.

POURQUOI ALORS DIT-ON QUE LE SOLEIL SE COUCHE ET SE LÈVE ?

et autour du Soleil

En même temps qu'elle tourne sur elle-même, la Terre tourne autour du Soleil. La trajectoire est si longue qu'il lui faut $365\frac{1}{4}$ jours pour faire le tour du Soleil. On ne sent pas ces mouvements parce que l'atmosphère qui entoure la planète se déplace en même temps que la Terre.

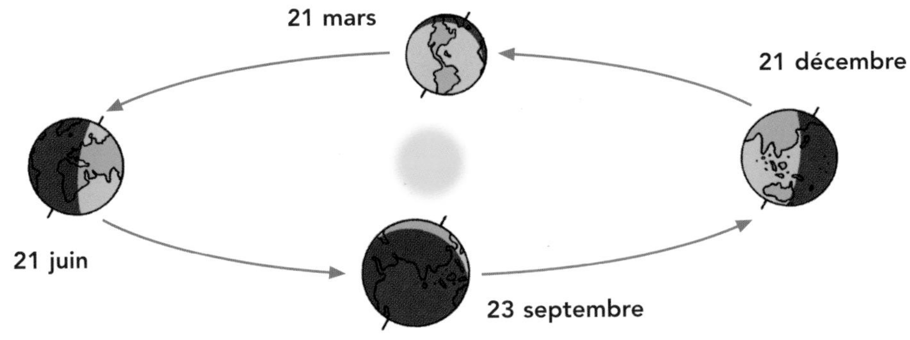

La Terre tourne à 108 000 km/h autour du Soleil !

> **Le savais-tu ?**
>
> **Le «soleil de minuit», ça existe. Six mois par année, le Soleil ne se couche jamais aux pôles Nord et Sud. Pourquoi ? À cause de l'inclinaison de l'axe de la Terre. Conséquences: en été, il fait clair toute la journée; en hiver, par contre, il fait noir toute la journée.**

Le Soleil se déplace-t-il au cours de la journée ?

Le Soleil est immobile dans le ciel. Nous avons l'impression qu'il se déplace du matin au soir parce que nous l'observons depuis la Terre, qui tourne sur elle-même d'est en ouest.

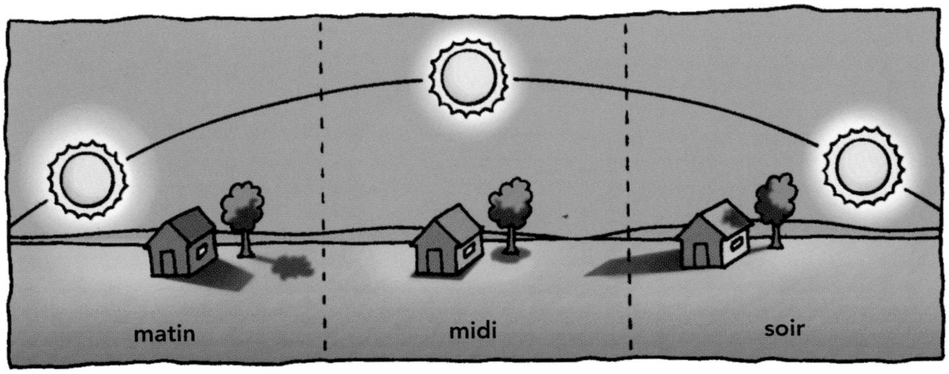

Mouvement apparent du Soleil : le Soleil apparaît à l'est le matin, s'élève jusqu'à midi, puis s'abaisse le soir pour se coucher à l'ouest.

Laboratoire

Ombre variable

Réalise ce montage pour observer les variations de l'ombre à différentes heures du jour.

- Oriente ton carton en tenant compte des points cardinaux.
- Place ce carton à un endroit ensoleillé toute la journée.
- Trace l'ombre de ton clou sur le carton à plusieurs moments de la journée.

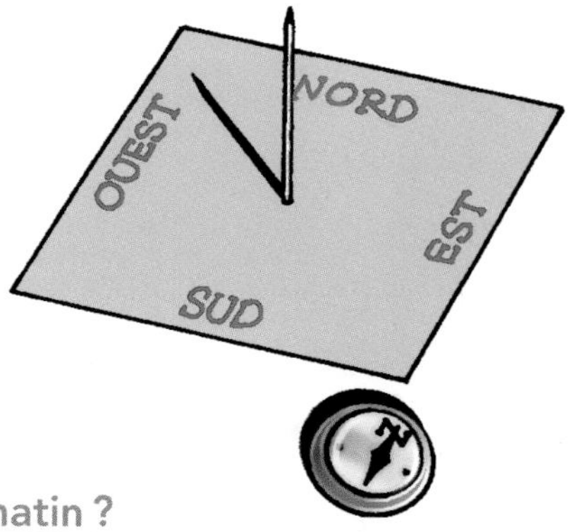

Comment sera l'ombre du clou le matin ? le midi ? en fin d'après-midi ?

Pourquoi l'ombre du clou change-t-elle de place au cours de la journée ?

Laboratoire

Mouvements de la Terre

Comment peux-tu démontrer l'alternance du jour et de la nuit avec ce matériel ? Que se passe-t-il au cours d'une année ?

Vérifie tes prédictions : remplis à nouveau le guide du début.

Dis comment tu expliquerais que le Soleil ne se déplace pas.

Réfléchis à ta manière de résoudre les problèmes proposés dans ces *Laboratoires*.

- Quelles solutions as-tu proposées pour chacun d'eux ? Ont-elles été efficaces ? Comment le sais-tu ?

Réfléchis à tes manières d'apprendre.

- Qu'est-ce que les *Laboratoires* de ce chantier t'ont appris de plus que le texte ?

Un texte à consignes

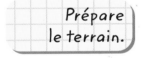

Tu as inventé une expérience ou un bricolage et tu veux que les autres puissent le reproduire ? **Écris** un texte à consignes.

Je décris, pour le journal de l'école, mon expérience sur la formation des nuages.

Sur le site Internet de l'école, j'indique comment fabriquer un cerf-volant.

Moi, j'aime réaliser les expériences et les bricolages que je lis !

Analyse la situation.

Réfléchis à ton texte à consignes et à ta manière de travailler.

- À qui écriras-tu ? Dans quel but ?
- Écriras-tu sur papier ou à l'ordinateur ?

Prépare le terrain.

Demande-toi ce que tu sais sur les textes à consignes.

- En as-tu déjà lu ? Si oui, comment les as-tu reconnus ?

Pense à ton expérience ou à ton bricolage.

- Pour savoir quoi écrire, refais ton expérience ou ton bricolage. Note, sur un aide-mémoire, le matériel utilisé et les étapes à suivre.

Écris ton premier jet.

Écris ton texte comme tu penses qu'il doit être.

- En cours de route, pense à consulter ton aide-mémoire.

Regarde comment les autres ont fait.

Compare ton texte avec ceux de tes camarades.

- Examine les parties et la disposition du texte. Qu'y a-t-il de semblable et de différent d'un texte à l'autre ?

Observe le texte à consignes ci-dessous.

- Nomme chacune de ses parties et dis à quoi elle sert.
- Observe le temps des verbes dans les consignes du déroulement.
- Regarde l'ordre de présentation des consignes. Que remarques-tu ?

A

La bouteille à nuage

B Tu veux observer la formation d'un nuage ? Fais l'expérience suivante.

C MATÉRIEL REQUIS

- une bouteille de plastique transparent ou de verre qui ressemble à celle de la photo.
- un entonnoir
- de l'eau très chaude
- un contenant vide assez grand
- un glaçon assez gros pour tenir sur le goulot de la bouteille
- un carton noir

D DÉROULEMENT

1. Place l'entonnoir de manière à faciliter le remplissage de la bouteille.
2. Remplis la bouteille d'eau très chaude.
3. Enlève l'entonnoir.
4. Laisse l'eau chaude dans la bouteille pendant quelques minutes.
5. Vide la moitié de l'eau de la bouteille dans le contenant.
6. Dépose le glaçon sur le goulot de la bouteille, puis place-la devant un carton noir.
7. Observe attentivement ce qui se produit à l'intérieur de la bouteille.

E

Compare ton texte avec le modèle.

- Que garderas-tu de ton texte ? Que modifieras-tu ?

Remplis ta *Fiche de récriture d'un texte à consignes* pour retenir ce que tu as appris.

Récris ton texte.

Récris ton texte pour l'améliorer.

- Consulte ta *Fiche de récriture d'un texte à consignes*.
- Pour « tester » ton texte, demande à quelques personnes de faire l'expérience ou le bricolage que tu proposes, puis de commenter ton texte.
- Apporte les dernières modifications à ton texte.

Pour commenter un texte à consignes

Indique un ou deux points forts et un ou deux points à améliorer. Voici des éléments sur lesquels tu peux te prononcer.

- La **liste du matériel** est-elle complète ? placée au bon endroit ? présentée sous forme de liste ?
- Les **consignes** du déroulement sont-elles placées dans l'ordre où elles doivent être effectuées ? S'il y a des consignes de trop ou des consignes qui manquent, mentionne-le.
- L'**illustration** est-elle bien choisie ? suffisamment claire ?
- Tu peux aussi faire des remarques à propos de l'**orthographe**, du **choix des mots** et de la **construction des phrases**.

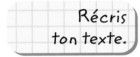

Termine ton texte.

Corrige ton texte à l'aide de ta *Fiche de correction*.

- Pense à utiliser les outils de référence disponibles.

Transcris ton texte à l'ordinateur.

Utilise le traitement de texte pour améliorer la présentation de ton texte. Voici quelques suggestions :

– Choisis une police de caractères agréable à lire.

– Mets les titres en caractères gras.

– Aligne les éléments de la liste du matériel. Fais de même avec les consignes du déroulement.

– Insère de l'espace entre les parties du texte.

Tu peux aussi utiliser le correcteur d'orthographe intégré à ton logiciel de traitement de texte.

Diffuse ton texte, mais gardes-en une copie.

Évalue ton travail d'écriture.

Évalue ta démarche d'écriture.

Demande-toi si tu as atteint ton but avec ce texte.

Fais le point sur l'utilité du traitement de texte…

– pour améliorer la présentation des textes;

– pour corriger l'orthographe.

Garde des traces des étapes de ton travail. Avant d'écrire ton prochain texte à consignes, pense à les consulter !

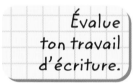

JE SUIS ENCORE DANS LES NUAGES…

Des mots
s'alignent et dansent
sur papier blanc
ou à l'écran.
Un écrit existe.
Quelqu'un l'a rédigé,
pour quelqu'un
d'autre qui le lit.
La communication
s'établit, noir sur blanc,
presque magique !

18 Numéro spécial

Événements, souvenirs, découvertes et rencontres… Sauras-tu garder des traces de ce qui te touche le plus ? Un NUMÉRO SPÉCIAL, c'est fait pour ça ! Ce module t'invite à explorer et à exploiter diverses possibilités qu'offre l'écrit. Au fil des chantiers, tu mettras ton imagination au service de la communication et tu te questionneras sur l'efficacité de tes stratégies de lecture.

Réagis à la carte d'exploration ci-dessous et **active** tes idées.

- Quelles questions te poses-tu sur le « numéro spécial » de ton 2e cycle ?

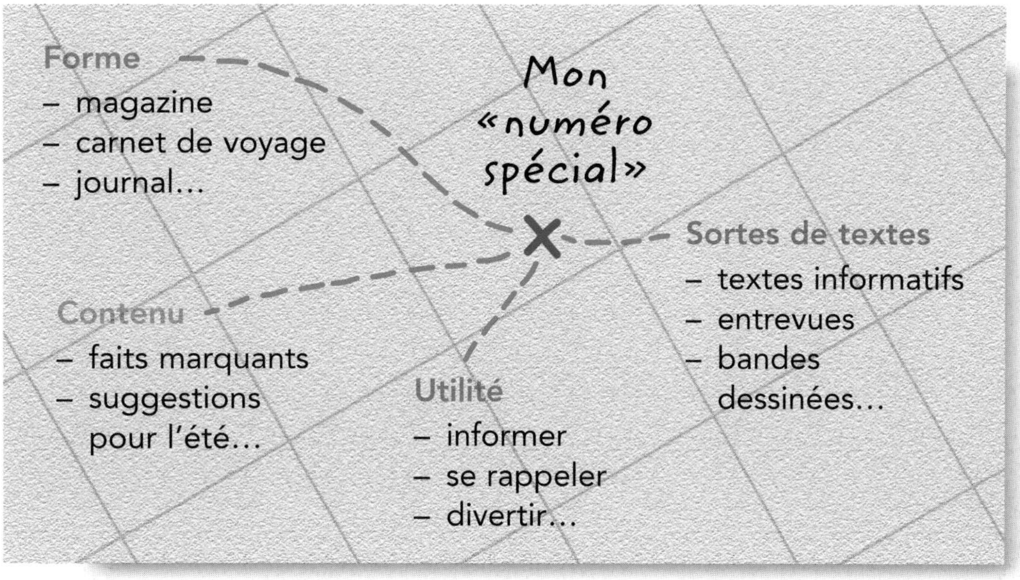

Planifie un projet pour réaliser le « numéro spécial » de ton 2e cycle.

Réalise-le et **présente**-le.

PISTES ET IDÉES

- Réaliser un « magazine du 2e cycle » pour présenter ce cycle aux élèves qui le commenceront bientôt.
- Préparer un « carnet de voyage » pour présenter une sortie de classe aux parents.
- Concevoir le « journal des écrivains » de sa classe.

Il y a toutes sortes de raisons d'écrire. Quelles sont les tiennes? Pour découvrir celles de Jérémie, **lis** le texte ci-dessous.

Prête une attention particulière aux stratégies de lecture que tu utilises. On t'en rappelle quelques-unes en marge des textes du module.

Avant de lire: survol, prédictions, intention…

UN PARFUM DE MIEL

Temps libre. Youpi! J'ai quinze minutes à moi avant la fin de la classe. Demain, c'est la fête de mon amie Sandrine. J'en profite pour lui préparer une carte spéciale. Une carte au parfum de miel, remplie de mots d'amour.

Trouve ce que remplacent les mots substituts.

Je l'avoue: je suis tombé amoureux! Elle n'en sait rien. Personne ne sait. J'ai peur de tout fracasser en le disant. Je n'ose pas. La solution: écrire!

Tenez-vous bien, on part! Je plie une feuille de carton mou en quatre. Sur la partie intérieure, j'attaque! Mon crayon grince, je sue et serre les dents. Voici enfin le début de mon message:

Bonne fête, Sandrine!
Tu es m'abeille heure amie.

— Attention aux piqûres, Jérémie! ricane Mathieu, mon voisin de classe.

Coquin de Mathieu au cou tordu! Je continue en me cachant derrière un livre:

Et la pincette de mon cœur!

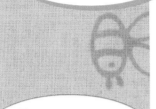

Raté ! J'efface tout. À vrai dire, je déteste l'écriture. Jouer du crayon, c'est un sport pour les engourdis ! Moi, je préfère le hockey. Pourtant, je voudrais bien remettre mon message à Sandrine. Sinon, comment lui faire savoir que je l'aime à la folie ?

Catastrophe ! La cloche sonne. Tant pis ! J'emporte la carte à la maison. De toute façon, mon message est archi-secret.

Le trajet d'autobus me paraît long à mourir. J'évite d'attirer l'attention de Sandrine, assise juste derrière moi. Je lui réserve ma surprise. Une surprise fulgurante !

Lorsque le bus longe enfin la rivière, il ne reste que nous deux à bord.

Elle me glisse :

— Es-tu fâché, Jéri ?

— Non, je t'expliquerai demain !

— C'est ma fête, n'oublie pas !

— Promis !

Remplace les marqueurs de relation difficiles à comprendre par des synonymes.

Sitôt descendu à notre arrêt, je prends mes jambes à mon cou. Pfft ! Chez nous et plus de questions ! Mamie m'embrasse sur les deux joues. Le jeudi, nous sommes chanceux : elle nous garde, mon petit frère Guillaume et moi. À chacune de ses visites, grand-maman invente des jeux et apprête des tartines extraordinaires.

— Ta collation est sur la table. Après, viens nous retrouver au salon. On joue aux devinettes !

— J'ai un travail urgent, mamie.

— Comme tu voudras ! J'irai te voir dans ta chambre plus tard.

Mon chien Croquemitaine saute autour de moi pour m'inviter à jouer.

– Attends un peu. Urgence anniversaire !

J'attrape un verre de lait, ma super-tartine fraises-fromage-sirop d'érable, et je cours m'enfermer dans ma chambre. Croquemitaine gémit, gratte avec sa patte contre la porte close. Il ne peut pas comprendre. Il n'a même pas d'amoureuse.

Sans plus tarder, je m'installe à mon pupitre. Une bouchée de tartine, une gorgée de lait : prêt ! Je replonge à vitesse grand max dans mon message. Je voudrais tant y mettre un parfum de miel ! Le crayon grince, s'enfonce dans le papier cartonné.

Bonne fête, Sandrine !
C'est toi la poubelle
de la terre.

Aïe ! Une fraise a roulé sur ma carte en faisant une grosse tache. Je la déchire rageusement.

— Miaou !

La chatte dormait sur le lit, blottie sur mon édredon. Ma chatte Picolette n'aime pas le bruit et proteste à sa manière.

— Viens, on va travailler ensemble !

Je la prends sur mes genoux et à deux, nous finissons la tartine et le lait. Picolette lèche avec plaisir les petites gouttes blanches dans ses moustaches.

— Maintenant, au boulot !

Armé d'un stylo feutre rouge et d'un carton blanc, je trace à gros traits :

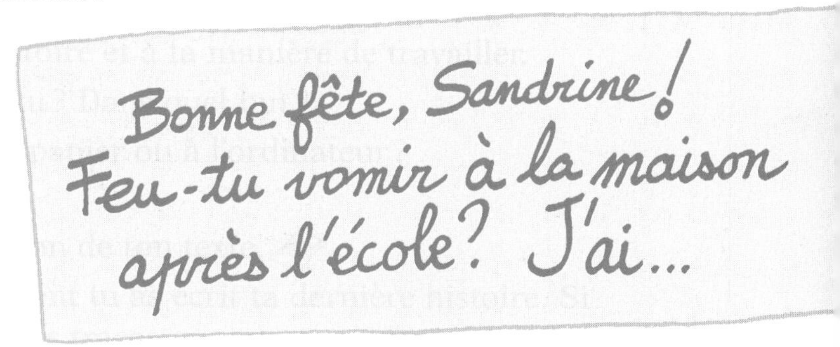

Bonne fête, Sandrine !
Feu-tu vomir à la maison
après l'école ? J'ai...

Assez ! C'est toujours la même chose quand j'écris. Les mots se brouillent, les sons et les lettres s'emmêlent. Comme si je me perdais dans une forêt. Une forêt de signes munis de griffes et de tentacules. Ils m'écorchent et m'étouffent. Je me sens battu pour toujours.

Un vent de colère me secoue. Les lettres tourbillonnent dans ma tête comme des diables sans nom. Terminée, l'écriture !

[...] Pourtant, j'ai des idées, des millions d'idées merveilleuses !

Je voudrais écrire à Sandrine l'histoire de mon île, une île magique avec des plages de sable d'or. Un soir, je l'ai découverte à cheval sur un croissant de lune. Je galopais à toute vitesse quand mon cheval a sauté très loin : j'ai atterri sur une île dorée, les pieds dans le sable chaud.

J'y retourne chaque nuit. En secret, je bâtis un château de rêve pour la princesse de mon cœur, un château avec des tours très hautes.

Sandrine s'amusera tant qu'elle voudra dans ce château.
Je déposerai une couronne de fleurs dans ses cheveux noirs ;
elle pourra danser, jouer et chanter, comme une vraie princesse !
L'entrée sera interdite à mon frère, l'esclave Guillaume ; sauf de temps en temps, où il nous apportera des tartines et des bonbons.

Croquemitaine montera la garde à la porte du château. Je lui donnerai l'ordre de dévorer tous les ennemis dangereux.

Un jour, assis sur un nuage, nous partirons tous les deux à la chasse aux étoiles filantes...

Mais je ne connais pas la manière d'écrire cette histoire à Sandrine.

Tiré de Louise-Michelle Sauriol, *Une araignée au plafond*, Montréal, Éd. Pierre Tisseyre, 2000, p. 7-15. (coll. Sésame)

Pour évaluer ta manière de lire, demande-toi si tes stratégies de lecture sont efficaces.

Montre ta compréhension du texte en répondant à quelques questions.

Nomme les sentiments que tu as éprouvés au cours de ta lecture.

Fais des liens entre le personnage de Jérémie et ta vie.

- Comment surmontes-tu tes propres difficultés d'écriture ?
- Si tu rencontrais Jérémie, que lui conseillerais-tu ?

créatividées

Récris le début du message que Jérémie tente de composer pour Sandrine et complète-le.

chantier 2

Quels magazines lis-tu le plus souvent ? Quelles sont tes rubriques préférées ? Pour découvrir les principales étapes de création d'un magazine, **lis** le texte que voici.

LES COULISSES DE TON MAGAZINE

Un magazine, c'est le fruit du travail de toute une équipe, une équipe qui doit respecter un calendrier de production précis. Gros plan sur la naissance d'un magazine pour jeunes.

Le choix des sujets

Quelle énergie autour de la table ! Nous sommes en pleine réunion de rédaction. L'équipe propose des idées pour le prochain numéro. «Pourquoi pas un article sur l'odeur des pieds ?», lance quelqu'un pour rire. Sylvia sélectionne les sujets en fonction de leur intérêt pour les lecteurs de l'actualité du moment. Ensuite, la rédaction en chef établit le sommaire du journal. Rien n'est décidé au hasard. Chaque numéro doit être varié. Les différents projets d'articles sont alors répartis entre les journalistes.

Pour comprendre une phrase difficile, redis-la dans tes mots.

La confection des articles

Pas une minute à perdre ! Chaque rédacteur se met au travail. Sophie s'attaque aux dinosaures et Sylvain à l'article sur les rapaces. Ils partent à la pêche aux informations. Là, tous les moyens sont bons : livres, revues scientifiques, Internet… Et surtout, ils interrogent des spécialistes. Cette enquête peut durer plusieurs jours et même plusieurs semaines !

Puis, chacun rédige ses articles. Ensuite, Sylvia et Olivier regardent les premières versions. Ils proposent des corrections, inversent des paragraphes et récrivent les passages qui ne sont pas assez clairs. Les textes définitifs sont envoyés à des chercheurs qui les relisent attentivement. Pendant ce temps, les dessinateurs se mettent à leurs crayons pour illustrer les articles.

La recherche des photos

Valérie passe des dizaines de coups de téléphone pour trouver les photos qui vont accompagner les articles. Elle s'adresse à des agences qui stockent des milliers d'images. Mais elle travaille aussi avec des photographes indépendants, des laboratoires de recherche et parfois… des studios de cinéma. […]

Le savais-tu ?

Pour reproduire une image ou un texte dans un magazine ou un livre, il faut payer des droits d'auteur à la personne qui possède cette image ou ce texte.

La chasse aux fautes

Cathy est un vrai «œil de lynx». Tous les articles passent entre ses mains. Elle traque les fautes d'orthographe, coupe les textes trop longs et propose un titre pour chaque article et des légendes pour les dessins et les photos. Quand tout est prêt: direction, la maquette.

Sépare les longues phrases en petits blocs.

La mise en page

Sara doit mettre en scène chaque page. Elle assemble sur l'écran de son ordinateur les textes, les dessins et les photos. Son objectif: rendre chaque article le plus facile à lire possible. Elle conçoit aussi la couverture. C'est une mission importante, car il s'agit de la vitrine du journal. Puis, les pages partent à la «photogravure». Là-bas, les photos et les dessins sont numérisés, c'est-à-dire transformés en images informatiques de haute qualité. La rédaction demande parfois que des clichés soient «détourés». Le photograveur enlève alors le décor pour ne garder que la silhouette d'un dinosaure, par exemple. Puis il renvoie l'article sous forme d'une grande photographie.

Lis la suite pour trouver une explication aux mots difficiles.

L'impression

[...] Le magazine est envoyé à l'imprimerie. Plusieurs pages sont imprimées côte à côte sur d'immenses feuilles. Celles-ci sont ensuite pliées, coupées et agrafées pour aboutir au magazine.

L'expédition

Et voilà ! Des milliers d'exemplaires du journal sont envoyés chez les abonnés par la poste. Des milliers d'autres sont distribués aux marchands de journaux.

«Les coulisses de ton magazine», © Olivier Rey, *Science & Vie Découvertes*, n° 40, mars 2002.

Le savais-tu ?

Sans pages de publicité, journaux et magazines coûteraient plus cher aux consommateurs. En effet, les annonceurs paient pour faire paraître leurs publicités et financent ainsi une grande partie des coûts de production des imprimés.

Pour évaluer ta manière de lire, demande-toi si tes stratégies de lecture sont efficaces.

Montre ta compréhension.

Décortique les consignes ou les questions.

Relève cinq mots concernant la création d'un magazine.

Exprime tes préférences.

- Quelle étape du processus de création d'un magazine te semble la plus intéressante ? Pourquoi ?

Fais des liens avec ton expérience d'écriture.

- Quelles ressemblances y a-t-il entre le travail d'écriture des journalistes et le tien ?

chantier 3

Quelles sont tes BD préférées ? Comment te les procures-tu ? Pour découvrir quelques aspects de la création d'une BD, **lis** l'entrevue ci-dessous.

Relève quelques difficultés de ce texte et précise quelles stratégies t'ont été utiles pour les surmonter.

PAGES 216 À 218

Tête-à-tête avec une bédéiste

Pour comprendre un mot difficile, sers-toi du sens de la phrase.

Plusieurs personnes lisent les bandes dessinées de leur journal avant toute autre section. Certains lecteurs restent férocement fidèles à leurs personnages préférés. Lorsqu'un journal abandonne une bande dessinée, des lettres de plaintes peuvent affluer.

Qui et quoi se trouvent derrière les bandes dessinées de ton journal ? Nous avons rencontré Lynn Johnston dont la série «Pour le meilleur et pour le pire» apparaît dans plus de 1500 journaux à travers le monde.

1 Q. Où trouvez-vous vos idées ?

R. Je suis toujours à l'affût de nouvelles idées. Certaines scènes m'aident bien, par exemple la vue d'un fils qui parle au téléphone toute la journée, mais qui ne dit jamais un mot à sa mère. Il est à court de mots !

2 Q. Créez-vous seulement les maquettes ?

R. Certains bédéistes travaillent avec des scénaristes; moi, je fais les textes et les dessins. L'espace est limité et je suis très exigeante. J'écris et je récris les mots de chaque bande. Lorsque j'arrive à la dernière case, j'ai besoin d'un mot clé ou d'une remarque choc.

3

Q. Comment dessinez-vous les cases de votre bande ?

R. J'utilise un modèle et je dessine les quatre cases sur mon tableau. Comme mes mains transpirent beaucoup, je mets des gants de coton (sans les doigts) pour que le carton reste propre. Dans chaque case, j'esquisse les dessins et j'écris les mots au crayon. Puis je prends de l'encre et deux plumes différentes pour récrire les mots et finir l'image. Parfois, je découpe une nouvelle case que je colle sur celle où j'ai commis une erreur.

4

Q. Combien de temps à l'avance travaillez-vous ?

R. Je prends six semaines d'avance sur les bandes quotidiennes. Les bandes colorées des week-ends sont faites huit semaines d'avance. Ça veut dire qu'à Noël, je pense déjà à Pâques.

5

Q. Nous parlons souvent de hantise de la page blanche chez l'écrivain. Cela existe-t-il chez le bédéiste ?

R. Il y a des fois où on n'a aucune idée. C'est heureux que je sois toujours en avance, juste au cas où ça arriverait. Parfois, j'arrête de travailler ou je vais marcher. Ou je lis quelque chose d'amusant. Même le sommeil peut aider. Le sommeil peut faire partie d'un processus de création.

6

Q. Quels conseils donneriez-vous à des jeunes qui voudraient faire comme vous?

R. Beaucoup d'entraînement. La copie n'est pas mauvaise à condition de dire que le travail ne nous appartient pas. Soyez honnête. Développez votre propre style. Le style d'un dessinateur est aussi personnel que sa signature. Apprenez des autres. J'ai beaucoup appris de mes dessinateurs favoris [...]. Ne dites jamais «je suis bon», dites toujours «je pourrais faire mieux».

Tiré d'un texte de Linda Granfield, illustré par Bill Slavin, *Dernière édition!* avec la permission de Kids Can Press Ltd. (Toronto) et de Les éditions Héritage (Montréal), © Cheryl Archer, 1993, Les éditions Héritage, 1994 (version française).

Le savais-tu?

- **La BD est née le 17 octobre 1896. Ce jour-là, pour la première fois, un personnage s'exprime au moyen d'un phylactère (une bulle). Ce personnage, c'est le Yellow Kid, un petit bonhomme vêtu d'une longue tunique jaune.**
- **Plusieurs héros de BD toujours populaires aujourd'hui existent depuis belle lurette: Astérix de même que Boule et Bill sont nés en 1959; les Schtroumpfs, en 1958; Gaston Lagaffe en 1957; Superman et Spirou, en 1938; Tintin et Milou, en 1929!**

Donne ton opinion: qu'as-tu trouvé de surprenant dans ce texte?

Compare le rôle des hommes avec celui des femmes dans tes BD préférées.

Réfléchis à tes manières de communiquer. Dans ton propre «numéro spécial», qui pourrais-tu interviewer? Que pourrais-tu présenter sous forme de BD?

créatividées

Invente les dessins et les textes d'une BD à trois cases. Utilise l'exemple ci-dessous ou un autre.

- CASE 1: Un personnage tient un verre de lait dans sa main gauche.
- CASE 2: Un autre personnage lui demande l'heure.
- CASE 3: En regardant sa montre, le premier personnage renverse son verre de lait...

Chantier 4

De la publicité écrite, il y en a partout: sur les boîtes de céréales, sur les autobus, sur les vêtements, dans les pages de magazines… Comment cette publicité t'influence-t-elle ? Pour t'aider à y réfléchir, **lis** les textes ci-dessous.

Relève quelques difficultés de ce texte et précise quelles stratégies t'ont été utiles pour les surmonter.

PAGES 216 À 218

LA BOUTIQUE DE SPORT

Noémie déborde d'énergie. Chaque jour, elle bat des records de vitesse pour se rendre à l'école, pour tailler un crayon, pour sortir un cahier et l'ouvrir à la bonne page… Mais pour devenir la championne des championnes, il lui faudrait des chaussures de sport comme celles que portent les championnes. Noémie a un plan. Avec sa grand-maman d'amour, elle part en direction de la rue commerciale…

Soudain, je m'arrête devant la vitrine de la boutique qui m'intéresse vraiment et je m'exclame:

— Oh ! regardez ! Il y a un solde incroyable de chaussures ! Entrons, juste pour voir…

— Noémie…

— Allez, grand-maman ! Vous venez de me dire NON plus de deux cents fois…

J'entraîne grand-maman à l'intérieur de la boutique. Je me précipite vers le vendeur en lui montrant mes vieilles chaussures:

— Monsieur le vendeur ! Monsieur le vendeur ! Est-il possible de gagner des courses de cent mètres avec des souliers comme les miens ?

Sélectionne l'essentiel des phrases longues.

Le vendeur regarde mes souliers, se gratte le front. Avant qu'il réponde, j'ajoute :

— Monsieur le vendeur, est-il possible de gagner des marathons de quarante kilomètres sur des routes de gravier, sur des routes de ciment, sous une chaleur torride ou sous la pluie en étant chaussée avec de pareilles godasses, toutes vieilles, toutes trouées, toutes défoncées ?

Le vendeur regarde mes souliers et répond :

— Je… heu…

— Soyez honnête, monsieur le vendeur ! Soyez honnête au moins une fois dans votre vie ! Avez-vous déjà rencontré des championnes olympiques qui n'avaient pas de chaussures de course à la dernière mode ? Avez-vous déjà vu, à la télévision, des championnes qui couraient avec des souliers aussi ridicules que les miens, des souliers ordinaires qui datent des temps préhistoriques, des souliers qui ne devraient même pas porter le nom de souliers et qui sont juste bons pour la poubelle !

Le vendeur se penche, examine les talons de mes souliers, appuie son pouce pour vérifier la position de mes orteils, vérifie la tension de mes lacets et se relève en disant :

— Bon ! Je serai honnête au moins une fois dans ma vie. Ces souliers sont parfaits !

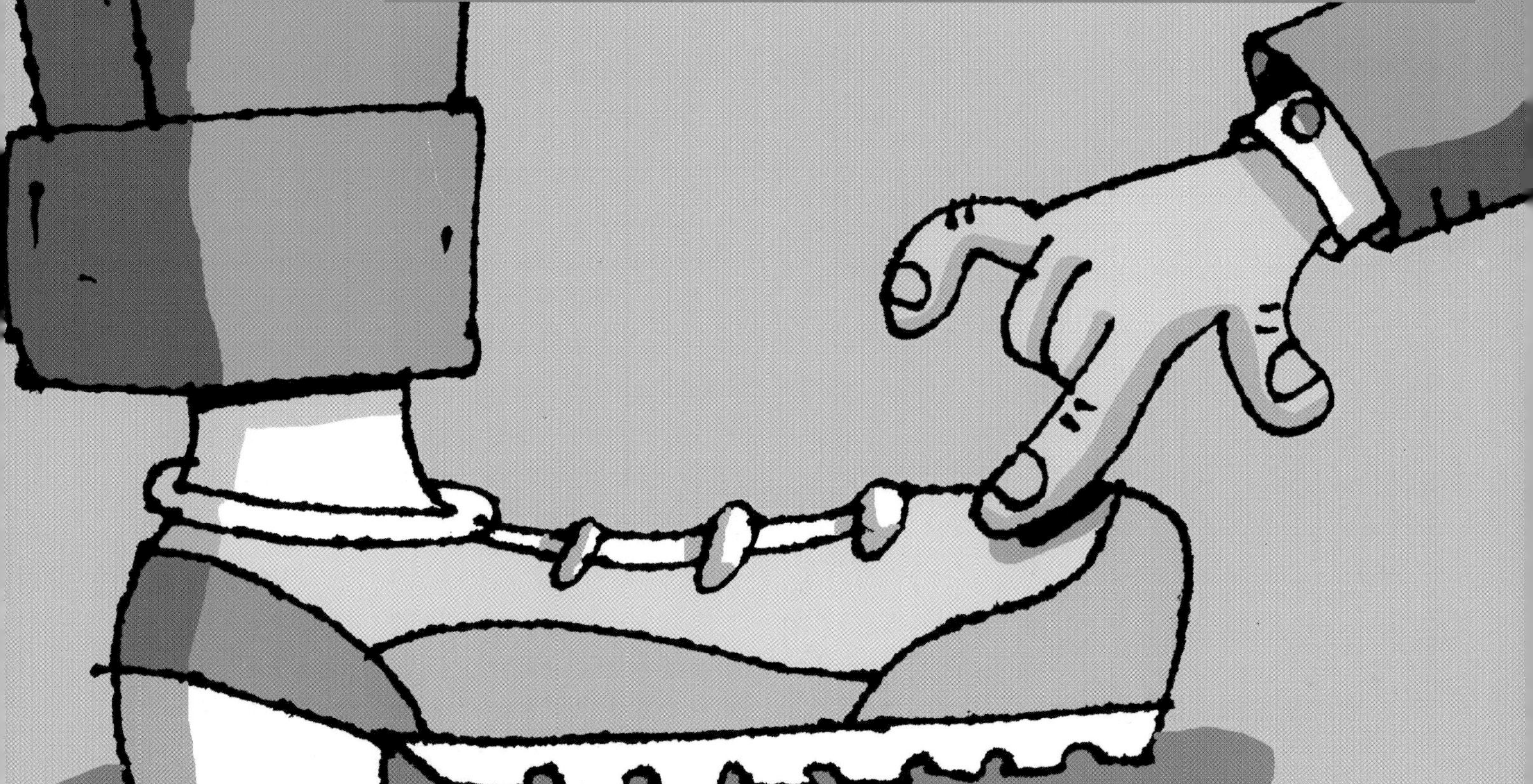

— Quoi ? Mes souliers sont parfaits ? Quoi ? Mais vous ne connaissez rien aux chaussures de sport ! Ces souliers me font souffrir chaque fois que je pose un pied par terre ! Ils ne soutiennent pas ma cheville ! Ils n'ont pas de supports latéraux ! Ils n'absorbent pas les chocs ! Ils n'ont pas de semelles antidérapantes ! Ils n'ont pas de lacets élastiques ! Ils ne sont pas ajustables ! Ils ne sont pas imperméables ! Ils n'ont pas de système de refroidissement ! Ils…

Découpe un mot difficile pour trouver le sens de ses parties.

— Ils n'ont pas de support antitorsion permettant une meilleure adhérence sur toutes les surfaces ? demande grand-maman en lisant, elle aussi, les slogans imprimés sur les grandes affiches collées aux murs.

— Heu…

Elle vient de comprendre ma tactique, mais je ne me décourage pas. Je change de stratégie :

— Ces souliers me font mal aux pieds. Mes orteils sont couverts de contusions, de bleus, d'ampoules, d'ongles incarnés, de cors aux pieds, de…

— Je n'ai jamais remarqué ça ! s'exclame grand-maman.

Je prends mon air le plus misérable, celui que j'ai longtemps répété devant la glace, et je dis en soupirant :

— C'est parce que je souffre en silence…

Tiré de Gilles Tibo, *Noémie – Les Souliers magiques*, Montréal, Éd. Québec Amérique, 2001, p. 85-91.

Fais le tour de cet extrait.

Créatividées

Trouve des arguments que la grand-maman ou le vendeur pourrait utiliser pour convaincre Noémie que ses chaussures sont encore bonnes.

À vendre !

Image de marque

Pour que les produits soient faciles à repérer (et à acheter !), on leur invente une marque de commerce. Cette marque, on la reconnaît au nom unique, au logo ou à la couleur particulière d'un produit. Les marques sont au cœur des campagnes publicitaires.

Séduire sans mentir

Au Québec, des lois interdisent la publicité trompeuse. Toutefois, pour faire vendre un produit, les publicitaires n'ont pas à dire toute la vérité : plusieurs vantent les qualités de leur produit, mais en taisent les défauts. Aux consommateurs d'être vigilants !

Rêve à vendre...

Les publicitaires associent souvent des objets courants à l'idée de bonheur, de réussite, de santé... En faisant cela, ils vendent plus que des produits : ils vendent aussi une part de rêve.

Fais le point sur l'utilité de se questionner sur ses stratégies de lecture.

Dis ce que tu as appris de neuf dans le texte *À vendre!*

Fais des liens avec la vie de tous les jours.

- Nomme des marques de commerce que tu connais. Lesquelles te plaisent le plus ? le moins ? Pourquoi ?
- Quelles publicités écrites te touchent le plus ? Explique tes choix.
- Comment fais-tu pour te renseigner sur la qualité des produits que tu désires ?

créatIVIdéEs

Crée la chaussure de rêve qui plairait à Noémie. Donne-lui une marque de commerce et prépare une publicité écrite amusante.

Des stratégies à mon service

Mes stratégies pour mémoriser l'orthographe

1. Je photographie le mot. Pour cela, j'examine l'ordre de ses lettres et ses particularités (accent, cédille, trait d'union, etc.), puis je l'épelle. Ensuite, je ferme les yeux et j'essaie de voir le mot dans ma tête.
   - J'y arrive ? J'écris le mot et je vérifie s'il est bien orthographié.
   - Je n'y arrive pas ? J'examine le mot à nouveau.

2. Je compare des mots et je regroupe ceux qui présentent une ressemblance.
   EXEMPLES : chaussure, basse, laisser
   fille, famille, croustille
   homme, pomme, comme

3. Pour retenir une consonne muette finale, je fais un lien…
   entre un mot et son féminin;
   EXEMPLES : grand, grande — vert, verte — long, longue
   blanc, blanche — gris, grise
   entre un mot et un autre de même famille.
   EXEMPLES : plomb, plombier — dent, dentiste — tapis, tapisser

4. Je dis le mot en le découpant en syllabes.

EXEMPLES : ordinateur = or/di/na/teur
lunette = lu/net/te
saucisse = sau/cis/se

5. Je compare l'écrit et l'oral d'un mot, puis je remarque les différences.

EXEMPLES : *Sirop* se termine par un *p* qu'on ne prononce pas.

Goût a un accent circonflexe sur le *u* et il se termine par un *t* qu'on ne prononce pas.

6. Je cherche dans le mot un plus petit mot que je connais.

EXEMPLES : dangereux   parapluie   bonhomme   malheureux

7. Pour retenir une particularité d'un mot, j'invente un truc un peu fou.

EXEMPLES : Pour me rappeler le *p* à la fin de *trop*, je dis le mot à l'envers : port !

Pour me rappeler le *tréma* dans *Noël*, je pense aux boules de Noël !

Tu as tellement de mots à apprendre à écrire... Mieux vaut avoir de bons moyens de les retenir !

Mes stratégies pour apprécier des œuvres littéraires

Pendant et après la lecture d'œuvres littéraires, pour apprendre à porter un jugement sur ce que je lis…

1. Je dis comment ce que je lis me touche.
2. Je fais des liens entre ce que vivent les personnages et ma propre vie.
   – Je me demande en quoi les personnages me ressemblent.
   – Je me demande ce que je ferais à leur place.
3. Je fais des liens entre différentes œuvres.
   – Je trouve des ressemblances et des différences entre elles.
4. Je me demande si ce que je lis peut vraiment arriver.
5. J'échange avec d'autres à propos de mes lectures.
6. J'enrichis mon bagage en lisant toutes sortes de textes: des romans, des contes, des bandes dessinées, des documentaires, des poèmes, etc.
7. Je prête attention à certains éléments des histoires: aux personnages et aux «problèmes» qu'ils vivent, aux lieux, etc.

Ces stratégies t'aident à préciser ce que tu préfères dans ce que tu lis.

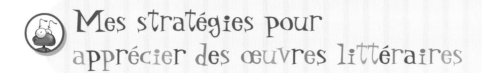

Ma stratégie pour lire des consignes et des questions

Après la lecture d'une consigne ou d'une question, pour m'assurer de la comprendre...

J'en décortique les éléments.

- Je me demande si c'est une consigne ou une question :
  - C'est une consigne ? Je repère le verbe qui me dit quoi faire (relever, expliquer, comparer, dire, dessiner, additionner, etc.).
  - C'est une question ? Je repère son mot interrogatif (*qui*, *où*, *comment*, *pourquoi*, *combien*, etc.).
- Je repère, s'il y a lieu, les indices qui me révèlent combien d'éléments je dois trouver (un ou plusieurs ?).
- Je cherche des indices sur la sorte de réponse que je dois fournir (un mot ? une phrase ? une case à cocher ? un schéma ? etc.).
- Si nécessaire, je reformule la question ou la consigne dans mes mots.

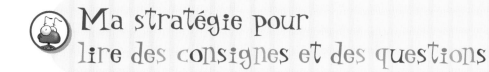

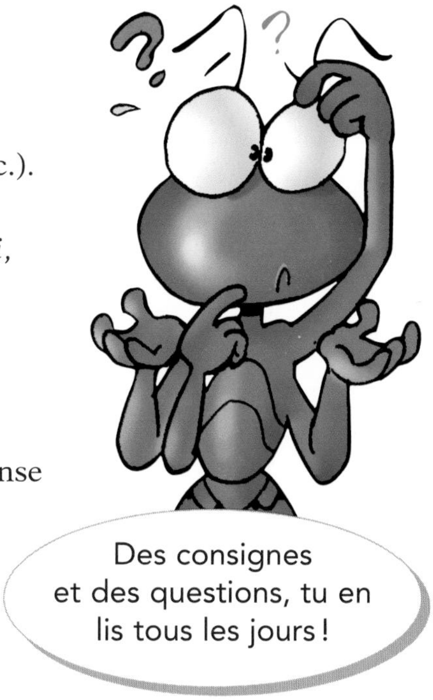
Des consignes et des questions, tu en lis tous les jours !

Dis...

Combien ?

Qui ?

Écris

Mes stratégies pour lire des textes

Avant de lire, pour préparer ma lecture...

1. Je survole le texte.

– Je lis le titre et les intertitres, s'il y en a.

– Je regarde les illustrations, les photos, les tableaux et la disposition du texte.

– Je me demande ce que mon survol m'a appris sur le texte et si j'ai déjà lu un texte semblable.

2. Je précise mon intention de lecture.

– Je me demande dans quel but je lirai le texte.

3. Je fais des prédictions.

- Le texte est une histoire ? Je m'aide du survol pour dire ce que je pense qu'il arrivera dans l'histoire.
- Le texte n'est pas une histoire ? Je m'aide des différents éléments du survol pour dire ce que je m'attends à trouver dans le texte.

Préparer ses lectures, ça aide à lire. Comme tu lis beaucoup, cela t'est très utile !

Pendant que je lis, pour surmonter mes difficultés de compréhension...

Quand je ne comprends pas un **mot**, je choisis une stratégie qui m'aidera à régler le problème.

4. Je regarde les illustrations.

5. Je lis la suite.

– Parfois, un exemple ou une définition suit le mot difficile. Des petits mots ou expressions (**est**, **comme**, **aussi appelé**, **c'est-à-dire**, **il s'agit de**, **par exemple**) peuvent annoncer cette explication.

6. Je cherche un petit mot connu dans le grand mot difficile.

7. Je découpe le mot pour trouver le sens de chacune de ses parties. PAGES 56 ET 58

– J'utilise mes connaissances sur le sens des préfixes et des suffixes.

8. Je me sers du sens de la phrase pour expliquer un mot.
   - Je relis la phrase où il y a un mot difficile.
   - Je fais une hypothèse sur le sens de ce mot.
   - Je vérifie mon hypothèse.

9. Je cherche le mot dans un dictionnaire.

10. Si nécessaire, je demande de l'aide.

Quand je ne comprends pas une **phrase** ou une **partie de texte**, je choisis une stratégie qui m'aidera à régler le problème.

11. Je relis une partie de texte en ralentissant ou en accélérant ma vitesse de lecture.

12. Je sépare la phrase en petits blocs.
    - Je regroupe les mots qui vont bien ensemble. Les virgules peuvent me servir d'indices pour faire mes regroupements.

13. Je sélectionne l'essentiel dans la phrase.
    - Je me demande de qui ou de quoi il est question dans la phrase. Je me demande ensuite ce qu'on en dit de plus important. PAGES 80 ET 83

14. Je regarde les illustrations.

15. Je redis la phrase dans mes mots.

16. Je continue de lire.

17. Je demande de l'aide.

Des mots et des phrases difficiles, il y en a dans presque tous les textes. Tes stratégies t'aident à surmonter ces obstacles.

Pendant que je lis, pour faire des liens entre les phrases...

18. Je repère les mots substituts et je me demande ce qu'ils remplacent. PAGES 102, 104 ET 107

19. Quand je ne comprends pas un marqueur de relation, j'essaie de le remplacer par un mot ou une expression synonyme. PAGES 152 ET 154

20. J'imagine un marqueur de relation entre deux phrases. PAGE 177

C'est pour garder le fil du texte que tu fais des liens entre les phrases.

En fin de lecture, pour retenir l'essentiel...

21. Je récapitule l'histoire ou les informations en remplissant un schéma.

Après la lecture, pour évaluer ma manière de lire...

22. Je décris ma façon de lire.
23. Je me demande si j'ai respecté mon intention de lecture.
24. Je me demande si mes stratégies de lecture ont été efficaces.
25. Je m'explique mes réussites et mes difficultés de lecture.

C'est pour l'améliorer que tu évalues ta manière de lire.

Mes stratégies pour écrire

Avant d'écrire, pour planifier mon texte...

1. Je me rappelle ce que je sais sur la sorte de texte à écrire.
   - J'ai déjà lu un texte comme celui que je veux écrire ? Je me rappelle à quoi il ressemblait.
   - J'ai déjà écrit un texte semblable ? Je me rappelle comment j'ai fait.
2. Pour me donner des idées, j'utilise un déclencheur comme une image, une mélodie, un objet ou une odeur.
3. Je me demande pour qui et dans quel but j'écris un texte.
4. Avant d'écrire, je choisis mes idées et je les explore.
5. Je remplis un schéma pour m'aider à organiser mes idées.

Écrire, c'est exigeant. Planifier facilite la tâche.

Pendant que j'écris, pour développer mon texte...

6. Je rédige un premier jet.
   – J'écris mon texte comme je pense qu'il doit être.
7. Je consulte mon plan, mon schéma ou ma liste d'idées.
8. Je relis ce que j'ai écrit pour enchaîner la suite.
9. J'ajoute, au fur et à mesure, les idées qui surviennent.

Voilà des moyens d'éviter les pannes de mots...

Pendant que j'écris, pour réviser mon texte...

10. Je compare mon texte avec ceux des autres.

- J'observe ce qui est semblable et différent d'un texte à l'autre. Cela m'aide à repérer des passages à reformuler.

11. Je me demande si ce que j'ai écrit correspond bien à ce que je veux dire.

12. Je relis mon texte plus d'une fois.

- Je repère des passages à reformuler.
- Je réfléchis à des modifications possibles.

13. S'il y a lieu, je modifie mon texte.

- C'est une histoire ?
  - J'ajoute des mots pour préciser les descriptions de personnages, de lieux, etc.
  - Je remplace des bouts de texte par des paroles de personnages.
  - Je remplace les noms de personnages qui se répètent par des mots substituts.
- C'est un texte informatif ?
  - J'ajoute les informations que j'ai oubliées.
  - J'enlève ce qui n'est pas lié au sujet.
  - Je déplace un paragraphe qui, dans un texte informatif en séquence, par exemple, ne suivrait pas le déroulement dans le temps.
  - Je remplace des mots qui se répètent par des mots substituts.

14. Je demande à une ou à plusieurs personnes de lire mon texte.

- Parmi les commentaires reçus, je choisis les meilleurs et j'en tiens compte.

Ces stratégies aident à voir les forces et les faiblesses du texte. C'est essentiel pour savoir quoi améliorer.

En fin d'écriture, pour corriger mon texte...

15. Je relis mon texte plusieurs fois. À chaque lecture, je laisse des traces de mes corrections. FICHES DE CORRECTION

16. Je consulte des ouvrages de référence (grammaire, dictionnaire, aide-mémoire, etc.).

17. J'utilise le correcteur orthographique intégré au logiciel de traitement de texte.

18. Si nécessaire, je demande de l'aide.

Corriger tes textes en améliore la qualité et la lisibilité.

Après l'écriture, pour évaluer ma manière d'écrire...

19. Je décris la démarche suivie pour écrire le texte.

20. Je me questionne sur l'utilité des stratégies d'écriture que j'ai utilisées.

21. Je me demande si j'ai atteint mon but avec ce texte.

22. Je m'explique mes réussites et mes difficultés d'écriture.

C'est pour améliorer tes textes que tu évalues ta manière d'écrire.

Mes stratégies pour communiquer oralement

Avant l'échange, pour préparer ce que je vais dire et comment je vais le dire...

1. Je me demande ce que je sais sur le sujet.
   - Je relis un texte sur le sujet.
   - Je pense à des gestes, à des exemples, à des illustrations ou à des objets utiles pour appuyer mes paroles.
2. Pour me donner des idées, je participe à une tempête d'idées.
3. Je pense à des mots nouveaux et à des expressions à utiliser.
4. Je réfléchis à ce que je dirai et j'en garde des traces que je pourrai consulter.
5. Avec mes coéquipiers, j'établis des règles pour que l'échange se déroule bien.

Mieux tu te prépares, mieux l'échange se déroule.

Pendant l'échange, pour intervenir correctement...

6. J'interviens à mon tour, selon les règles établies dans l'équipe.
7. Je formule mes idées le plus clairement possible, même si j'hésite et si je crains qu'on ne me comprenne pas bien.
8. Je reviens au sujet lorsque je m'en éloigne.
9. Dans mes choix de mots, je tiens compte des gens qui m'écoutent.
10. J'essaie de contrôler ma voix: je parle assez fort et pas trop vite; je prononce clairement; je mets de la vie dans ma voix.

Il est tellement important qu'on te comprenne!

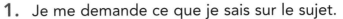

Pendant l'échange, pour écouter efficacement...

11. Je regarde la personne qui me parle et je l'écoute attentivement.

12. Quand je ne comprends pas ce qu'on me dit, je demande des précisions.

13. J'utilise discrètement mon corps et l'expression de mon visage pour envoyer des messages comme «je ne comprends pas», «cela m'intéresse», «je suis d'accord», «je ne suis pas d'accord».

14. Quand je ne comprends pas un mot, j'écoute attentivement la suite.

15. Pour vérifier ma compréhension, je redis dans mes mots ce que j'ai entendu.

Écouter les autres, c'est une des façons d'apprendre. Profites-en !

Après l'échange, pour évaluer ma participation...

16. Je me questionne sur la qualité de mes interventions et sur celle de mon écoute.

17. Je m'explique mes réussites et mes difficultés en communication orale.

C'est pour l'améliorer que tu évalues ta manière de communiquer oralement.

Mes stratégies pour faire une recherche

Avant de faire une recherche, pour m'aider à la préciser…

1. Je me demande ce que je sais sur le sujet et ce que je veux savoir.
2. Je dresse la liste des questions que je me pose.

Pendant ma recherche, pour trouver et noter l'information…

3. Je trouve et je consulte des documents de différentes sources : encyclopédies, cédéroms, Internet, émissions de télévision, etc.
4. Je me fie aux intertitres des textes informatifs pour déterminer quels passages contiennent des réponses aux questions que je me pose.
   - Les passages me semblent utiles ? Je les lis attentivement.
   - Les passages ne me semblent pas utiles ? Je les lis en diagonale ou je les laisse de côté.
5. Je me sers des intertitres des textes informatifs pour repérer des informations dans un texte.
6. Si nécessaire, je rencontre une ou plusieurs personnes-ressources.
7. Au cours de ma collecte d'informations, je sélectionne celles qui sont utiles et je les classe dans un schéma.

Après ma recherche, pour communiquer l'information…

8. Je choisis le meilleur moyen de présenter ma recherche, et je la présente.
9. Je m'explique mes réussites et mes difficultés en recherche.

Toutes ces stratégies aident à développer de bonnes méthodes de travail.

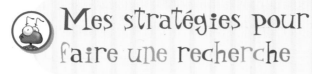